Anneliese Gaß-Tutt

Tanzkarussell 1

101 Kindertänze
für Daheim, Kindergarten, Spielplatz,
Vor- und Grundschule, Turnhalle

Fidula-Verlag

Illustrationen: HELGA HÉBERT, Toulouse

Graphische Gestaltung: Johannes Holzmeister

Alle Tanzbeschreibungen sind Bearbeitungen der Herausgeberin und als solche urheberrechtlich geschützt.

Fidula Verlag D · 5407 **Boppard** / Rhein
A · 5033 **Salzburg** Fach 54

Einführung
für eilige Leser

In der praktischen Arbeit mit Kindern – etwa ein Jahrzehnt lang – sammelten sich eine große Zahl von Kindertänzen an. Jetzt, da ein zunehmendes Interesse am Kindertanz zu erkennen ist, scheint die Zeit für die Herausgabe angebracht.

Tanz ist:
Bewegung in Raum und Zeit, Rhythmus und Musik als Impuls und Antrieb.

Gibt es Kindertänze überhaupt?
„Kreisspiele" werden sie oft genannt, wo sie noch lebendig überliefert oder in Kindergarten und Schule erhalten sind. Untersucht man diese kindlichen Spielformen nach den oben aufgeführten allgemeinen Merkmalen des Tanzes, so erweist sich, daß sie den Namen Tänze zu Recht tragen: hier finden wir Bewegung, Singen, Sprechen und Spielen in glücklicher Harmonie.

Beschäftigen wir uns mit Kindertanz, so dürfen wir keinen Erwachsenen-Maßstab anlegen, denn: Die Inhalte und Melodien der Tänze sind einfach und schlicht, die Schrittarten kindertümlich. Das kindliche Spannungsmoment – von Erwachsenen oft nicht beachtet, jedoch für das Kind wesentlich – ist fast immer zu finden.

Zu einem großen Teil sind die Tänze dieses Buches überliefert. Sie wurden auf ihre Beziehung zur Gegenwart untersucht, und manche konnten unverändert aufgenommen werden. Andere erfuhren einige Veränderungen, damit sie gegenwartsbezogener wurden. Ein Teil entstand neu beim Tanzen und Spielen mit Kindern. (Es ist selbstverständlich, daß jeder Leser des Buches die Auswahl der Tänze für seine Arbeitsbedingungen treffen und auch in der Gestaltung eigenen Ideen folgen kann, vor allem jedoch dem Erfindungsgeist der Kinder Raum läßt.)

Dieses Handbuch will Auswahl bieten für das Tanzen in der Familie, in Kindergarten, Vorschule und Schule. Die Familie steht mit Bedacht an erster Stelle; vielleicht wird die fast vergessene Möglichkeit des gemeinsamen Tanzens von Eltern und Kindern durch diese Anregungen wieder ins Bewußtsein gerückt.

Ausführliche Überlegungen und methodische Hinweise für die praktische Arbeit sind im Anhang zu finden. Grundlegende Einführungen, die über den Rahmen dieses Buches hinausgehen, können Lehrgänge vermitteln.

An dieser Stelle möchte ich herzlich Dank sagen für Mitarbeit, Gedanken- und Erfahrungsaustausch: Cläre Fasbender (Gelsenkirchen), Irmgard Gscheidle (Stuttgart), Helga Hébert (Toulouse), Gaby Nübel (Schorndorf) und Ilse Tutt (Koblenz).

Anneliese Gaß-Tutt.

Inhalt

TÄNZE FÜR DIE ALLERKLEINSTEN

1 Ha ha ha die Kinder kommen
2 Ei, wie langsam
3 Ringel Ringel Reihe
4 Hänschen klein
5 Teddybär, Teddybär
6 Speck und Eier
7 Jetzt steigt Hampelmann

DRINNEN UND DRAUSSEN
IN KINDERGARTEN UND VORSCHULE

8 Jakob ist ein Zottelbär
9 Dornröschen
10 Jungfer Liese
11 Grünes Gras
12 Rumpumpels Landpartie
13 Geht das Pferdchen
14 Kranzbinden
15 Grün sind alle meine Kleider
16 Spielplatz - Karussell
17 Heidi bums fallera
18 Ich wollt
19 Das Taubenhaus
20 Goldne goldne Brücke
21 Auf Wiedersehn

DRINNEN UND DRAUSSEN IN DER SCHULE

22 Tanz mit mir
23 Rumpa
24 Der lustige Hampelmann
25 Große Uhren, kleine Uhren
26 Hüpfhäuschen
27 Mausewoche
28 Machet auf das Tor
29 Hochzeit
30 Spring - Roien
31 Wir schließen das Tor
32 Lust'ge Leut
33 Der Regenbogen
34 Es gingen zwei Alte
35 Immer länger wird die Reih

36 1,2,3,4,5,6,7, wo ist denn mein Schatz
37 Gretel, Gretel

MUTTER UND KIND ZU HAUSE

38 Das Rädchen geht langsam
39 Herr Schmidt, Herr Schmidt
40 Dreh dich um
41 Ri-ra-rutsch
42 Zeigt her eure Füße
43 Holzsäger

MUTTER UND KIND IN DER TURNHALLE

44 Lauf, Dieb lauf
45 Wide wide witt
46 Der Sandmann ist da
47 Wagenschieben
48 Ich bin ein kleiner Esel

SCHUSTER, SCHNEIDER, SCHORNSTEINFEGER

49 Schneider Mock
50 Ein kleiner Bauer
51 Schwarze Schornsteinfeger
52 Das Mühlenhaus
53 Schustertanz
54 Besentanz vom Straßenkehrer
55 Die dicke Köchin

SCHNECK, ELEFANT UND SCHLANGE

56 Elefantentrott
57 Der Schneck
58 Zip zip zipovitschka
59 Mi-Ma-Mausemaus
60 Die Riesenschlange
61 Die kleine Schlange

AUF DER STRASSE

62 Tut! Das Auto kommt
63 Klingeling, da kommt sie an
64 Die Schwäbische Eisenbahn
65 Eisenbahn von nah und fern
66 Am Zebrastreifen
67 Ampel rot – Ampel grün

TÄNZE FÜR KLEINE FESTE

68 Rasseltanz
69 Geburtstagstanz
70 Zappeltanz zum Karneval
71 Regentropfentanz
72 Sommertanz
73 Kirmestanz
74 Windrädchen
75 Kinderpolonaise
76 Kleiner Laternentanz
77 Großer Laternentanz
78 Schneeflockentanz
79 Im Rummelsack

VORTANZEN ZUM ZUSCHAUEN

80 Kinder-Zirkus
81 Hei, Schabernack!
82 O Leiermann, o Leiermann
83 Omnibusfahrt
84 Kochlöffeltanz
85 Mädchen, darf ich mit dir gehn

KLATSCHTÄNZE

86 Fritz, Fratz, Friederich
87 Eine kleine Dickmadam
88 In meiner Stube
89 Trommel - Spaß

NACHBARSKINDER

90 Auf der Brück' von Avignon
91 Unser Onkel hat 'nen Bauernhof
92 Du und ich, wir beide
93 Unsre Bimmelbahn
94 Schwarze Pferde
95 Puppenwiegen

TÄNZE NACH SCHALLPLATTEN

96 Kindergarten - Mixer
97 Hasensprung
98 Ku - Tschi - Tschi
99 Hüpferling
100 Klapper - Klatsch
101 Die große Reise

T a n z s c h l ü s s e l

ZEICHEN FÜR JUNGEN: ∧
ZEICHEN FÜR MÄDCHEN: ∩

IN TANZRICHTUNG:  Die Kinder tanzen gegen den Uhrzeiger.

GEGEN TANZRICHTUNG:  Die Kinder tanzen mit dem Uhrzeiger.

LINKSDREHUNG:  Die linke Schulter wird beim Drehen rückwärts geführt.

RECHTSDREHUNG:  Die rechte Schulter wird beim Drehen rückwärts geführt.

Aufstellungen:

AUSSENKREIS – INNENKREIS: 

REIHE: V U V U U V — Die Kinder stehen nebeneinander, Blick in die gleiche Richtung.

GASSE:
V U U V U V
∧ ∧ ∩ ∩ ∧ ∩
Die Kinder stehen sich in 2 Reihen gegenüber.

Fassungen:

DURCHFASSEN: (Im Kreis, in der Reihe, in der Gasse.) Die Nebenstehenden fassen einander an den Händen.

OFFENE FASSUNG: Die Kinder stehen als Paar nebeneinander, Blick in die gleiche Richtung. Die inneren Hände sind gefaßt.

ZWEIHANDFASSUNG: Zwei zueinandergewendete Kinder geben sich beide Hände.

KREUZFASSUNG: Die Kinder stehen vor- oder nebeneinander und geben sich die rechten und (kreuzweise) die linken Hände.

PAARKREIS: Zwei zueinandergewendete Kinder geben sich beide Hände und bilden mit den Armen dabei einen Kreis.

REIHE IN HÜFTFASSUNG: Die Kinder stehen hintereinander in der Reihe. Die Hände werden auf die Hüften des Vorderen gelegt.

Schrittarten:

GEHSCHRITT:	Leichtes, normales Gehen.
LAUFSCHRITT:	Mit leichten Schritten vorwärts laufen.
KINDERHÜPFSCHRITT:	(Auch als Gleitschritt bekannt.) Flacher, sich kaum vom Boden abhebender Hüpfschritt, dabei zweimal auf jedem Fuß aufhüpfen (Rhythmus: ♪♩.).
NACHSTELLSCHRITT:	Ein Schritt und Beistellen des anderen Fußes mit Gewichtsübertragung.
GALOPPSCHRITT:	Ein Schritt, dann Sprung auf den anderen, nachzustellenden Fuß. (Dies wird vorwärts oder seitwärts ausgeführt.)
SCHLEIFSCHRITT:	Wie Gehschritt, jedoch werden die Füße nicht vom Boden abgehoben.
TUPFSCHRITT:	Das unbelastete Bein berührt ohne Gewichtsübertragung in beliebiger Richtung den Boden.
STAMPFSCHRITT:	Wie Gehschritt, jedoch betont und kräftig aufgesetzter Schritt.
SCHLUSS-SPRUNG:	Sprung, nach dem beide Füße nebeneinander stehen.
SPREIZSPRUNG:	Sprung mit einem Bein vor, dem anderen rückwärts. Oder: Sprung, beide Beine auseinander.
HAMPELMANNSPRUNG:	Spreizsprung (Beine auseinander), dabei klatschen die Hände über dem Kopf; dann Schlußsprung zurück (Beine schließen), die Hände klatschen zur Seite auf die Oberschenkel.

Aufstellungszeichnungen erleichtern und erklären außerdem das Verstehen der Tanzbeschreibungen.

Tänze für die Allerkleinsten

Ha ha ha, die Kinder kommen

Nach der Überlieferung
Bearbeitet von Gaby Nübel

1

4-6

2. He he he, die Kasper kommen . . .
3. Hi hi hi, die Zwerge kommen . . .
4. Ho ho ho, die Riesen kommen . . .
5. Hu hu hu, die Hexen kommen . . .

SCHRITTARTEN: Gehschritt, Kinderhüpfschritt.

TANZFORM 1:

AUFSTELLUNG: Alle Kinder einzeln, frei im Raum.

Die Kinder versuchen, die im Text genannten Personen in ihren Bewegungen nachzuahmen:

Strophe 1: Gehen oder Hüpfen in gewohnter Weise.

Strophe 2: Lustiges Hüpfen mit lockeren Armen und Beinen.

Strophe 3: Kleine Tippelschritte in der Hocke.

Strophe 4: Große Schritte auf den Zehenspitzen mit emporgestreckten Armen.

Strophe 5: Buckliges Humpeln.

TANZFORM 2:

AUFSTELLUNG: Kinder hintereinander in der Reihe.

Wie Tanzform 1, nur stellen die Kinder die verschiedenen Personen in der Reihe (Hände auf der Hüfte des Vorderen) dar.

HINWEISE: Dies ist ein Tanzspiel, d.h. die gegebenen Texte sind Beispiele für eigene neue Einfälle. Nach einem Zwischenruf (z.B. „Wir sind Narren") versuchen wir die Narren darzustellen.

Beide Tanzformen eignen sich auch für das (Klassen-) Zimmer.

Geeignete Teilnehmerzahl für Tanzform 2: bis 8 Kinder in der Reihe.

Ei, wie langsam

Text: Marianne Garff
Melodie und Tanzform: Anneliese Gaß-Tutt

2

4-6

Teil A:

Ei, wie langsam, ei wie langsam kommt der Schneck von seinem Fleck.
Sie-ben lan - ge Ta - ge braucht er von dem Eck ins and - re Eck.

Teil B:

Potz, da wollt ich schneller lau - fen, wenn ich so ein Schnecklein wär.

AUFSTELLUNG: Einzeln, frei im Raum verteilt.

SCHRITTARTEN: Gehschritt, Laufschritt.

TANZFORM: Teil A: Die Kinder gehen langsam, fast schleppend, im Raum herum.

Teil B: Sie laufen frei und leicht.

HINWEISE: Wichtig ist, daß die Kinder den Tempowechsel (Taktwechsel) aufnehmen.

Sind die Kinder sicherer und haben sie bereits ein gemeinsames Tempo, kann die Tanzform auch im Kreis (als Variation) gemacht werden.

Ringel Ringel Reihe

Nach der Überlieferung

3

4-5

AUFSTELLUNG: Kreis, Blick zur Mitte, durchgefaßt.

SCHRITTART: Gehschritt

TANZFORM: Die Kinder gehen im Kreis gegen Tanzrichtung herum und setzen sich bei „Husch" („plumps", „rums") in die Hocke.

Hänschen klein

Nach der Überlieferung
Tanzform: Anneliese Gaß-Tutt

4

4-6

AUFSTELLUNG: Einzeln, von einem Ausgangsplatz aus.

SCHRITTART: Gehschritt.

TANZFORM: Mit Beginn des Liedes gehen die Kinder von ihrem Platz aus frei durch den Raum. Sie sollen sich dabei ihren Weg so einteilen, daß sie bei „. . . geschwind" wieder auf ihrem Platz sind. Danach von vorne.

HINWEISE: Diese Form ist besonders geeignet für untereinander noch fremde Kinder, da vorauszusetzen ist, daß alle dieses Kinderlied kennen und sich dabei schon ein wenig kennenlernen können.

„Hänschen klein" kann ohne Umräumen im (Klassen-) Zimmer gemacht werden. Wichtig ist, daß jedes Kind einen festen Ausgangsplatz hat, den es wiederfinden kann.

Teddybär, Teddybär

Nach der Überlieferung

5

4-6(8)

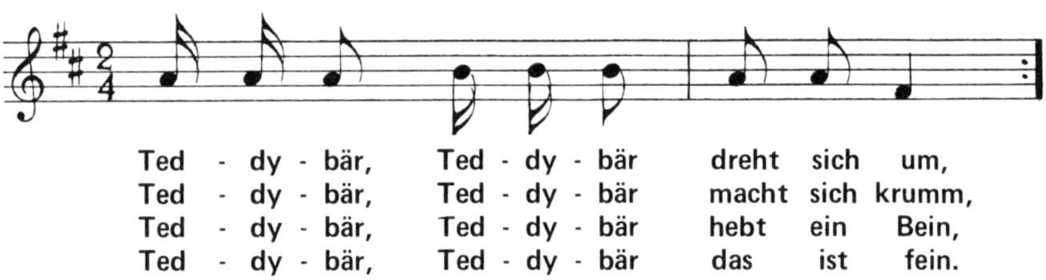

AUFSTELLUNG: Kreis, Blick zur Mitte, ohne Fassung.

SCHRITTART: Gehschritt.

TANZFORM: Takt 1-6: Die Kinder führen bei Takt 2 und 4 und 6 die im Text genannten Bewegungen aus.

Takt 7-8: Alle klatschen zum Singen.

HINWEISE: Schwerere Variation für 6-8 Jährige:
Die Kinder tanzen den „Teddybär" einzeln aber nacheinander im großen geschwungenen Springseil und gehen bei „das ist fein" hinaus, um dem nächsten Kind Platz zu machen. Die wartenden und zuschauenden Kinder draußen klatschen mit.

Oft tanzen die Kinder den „Teddybär" auch in ihrem eigenen kleinen Springseil, während sie es selbst schwingen.

Speck und Eier

Nach mündlicher Überlieferung
Bearbeitet von Irmgard Gscheidle

6

4-6

AUFSTELLUNG: Großer Außen-, kleinerer Innenkreis, Blick zur Mitte, jeweils durchgefaßt.

SCHRITTART: Gehschritt.

TANZFORM: Alle singen. Die Kinder im Innenkreis sitzen in der Hocke, die Kinder des Außenkreises gehen gegen Tanzrichtung ↻. Bei „. . . . . drei!" setzen sie sich in die Hocke, die Kinder im Innenkreis stehen auf und gehen nun ihren Kreis in Tanzrichtung ↺. Bei „. . . . . drei!" ist wieder Wechsel usw.

HINWEIS: Das Spannungsmoment ist bei „Eins, zwei, drei!". Deshalb kann dies auf Absprache auch einmal leis gesprochen oder laut gerufen werden.

Jetzt steigt Hampelmann

Nach der Überlieferung

7

4-7

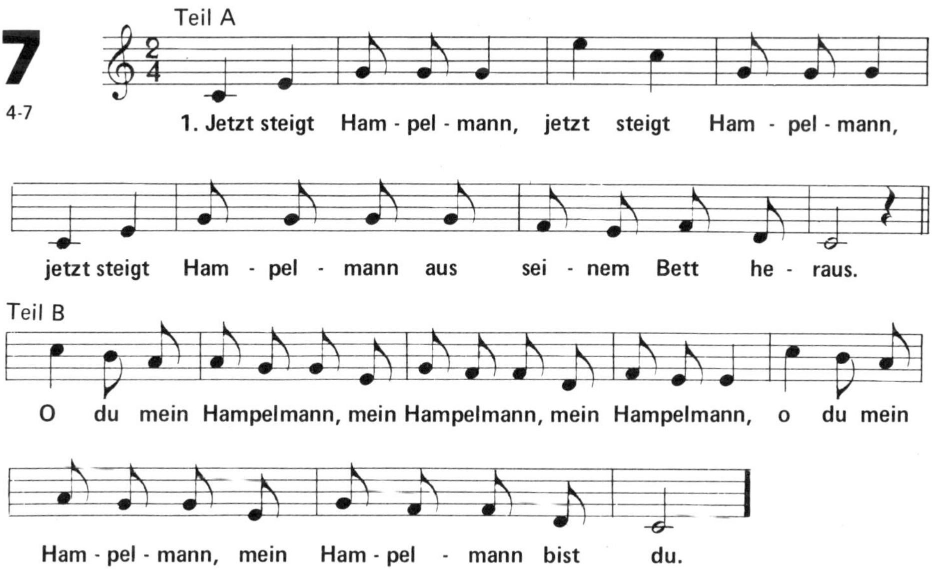

2. Jetzt zieht Hampelmann sich seine Strümpfe (Hose, Jacke) an.

3. Jetzt setzt Hampelmann sich seine Mütze auf.

4. Er hat ein schief Gesicht und auch ganz krumme Füß.

5. Jetzt springt Hampelmann hoch in die Luft. usw.

Schlußstrophe: Jetzt tanzt Hampelmann mit seiner lieben Frau.

AUFSTELLUNG: Kreis, ohne Fassung, Blick zur Mitte, ein Kind in der Mitte.

SCHRITTARTEN: Gehschritt, Kinderhüpfschritt, Hampelmannsprung.

TANZFORM: Teil A: Der ,,Hampelmann" steht in der Mitte und die Kinder im Kreis machen alle Tätigkeiten nach, die er ausführt.

Teil B: Die Kinder im Außenkreis fassen sich an und gehen oder hüpfen gegen Tanzrichtung, der ,,Hampelmann" hüpft in Tanzrichtung ↷. Oder er macht in der Mitte den Hampelmannsprung.

Schlußstrophe: Der ,,Hampelmann" sucht sich aus dem Kreis eine Frau, die anderen Kinder klatschen zum Tanz der Beiden (Schritt und Fassung nach Wahl).

HINWEISE: Kennen die Kinder den ,,Hampelmann" noch nicht, tanzen sie ihn erst einmal mit festgelegten Strophen.

Deren Zahl und Reihenfolge kann später geändert werden; der ,,Hampelmann" darf die Bewegungen bestimmen und eigene dazu erfinden. Mit der Schlußstrophe endet der Tanz und ein neuer ,,Hampelmann" oder die ,,Hampelfrau" können ihre Einfälle vormachen. (Das Texterfinden zu den gezeigten Bewegungen ist eine gute Sprachübung.)

Jakob ist ein Zottelbär

Nach der Überlieferung
Tanzform: Ilse Tutt

8

4-5

2. Jakob fängt zu singen an, Jakob ist ein lustger Mann . . .
3. Jakob fängt zu tanzen an, Jakob ist ein lustger Mann . . .
4. wie Strophe 1

AUFSTELLUNG: Kreis, Blick zur Mitte, durchgefaßt.

SCHRITTARTEN: Nachstellschritt, „Wackelschritt“ (wie ein Tanzbär)

TANZFORM:

Takt 1 - 2:	4 Nachstellschritte gegen Tanzrichtung
Takt 3 - 4:	4 Nachstellschritte in Tanzrichtung
Takt 5 - 6:	nach links und rechts wenden
Takt 7 - 8:	Fassung lösen, rundherum tanzen im „Wackelschritt“ wie ein Tanzbär am eigenen Platz.
Takt 5 - 8:	wiederholen

HINWEIS: Spaß macht es, den Namen „Jakob“ durch den Namen eines Kindes zu ersetzen.

Dornröschen

Nach der Überlieferung

9

4-6

2. Dornröschen nimm dich ja in acht.
3. Da kam die böse Fee herein.
4. „Dornröschen du mußt sterben!"
5. Da kam die gute Fee herein.
6. „Dornröschen, schlafe hundert Jahr!"
7. Da wuchs die Hecke riesengroß.
8. Und alle schliefen hundert Jahr.
9. Da kam ein junger Königssohn.
10. „Dornröschen, wache wieder auf!"
11. Da feierten sie das Hochzeitsfest.
12. Und alle freuten herzlich sich.

AUFSTELLUNG: Großer Außen-, kleinerer Innenkreis, Blick zur Mitte, jeweils durchgefaßt. In der Mitte steht Dornröschen. Außerhalb des Kreises stehen: die böse Fee, die gute Fee und der Königssohn.

SCHRITTARTEN: Gehschritt, Kinderhüpfschritt.

TANZFORM:

Strophe 1: Alle — außer Dornröschen — singen. Der Innenkreis (=Hofstaat) geht in Tanzrichtung, der Außenkreis geht gegen Tanzrichtung. Dornröschen bleibt in der Mitte stehen.

Strophe 2: Die Kreise stehen still. Die Kinder mahnen mit dem Zeigefinger Dornröschen.

Strophe 3: Die Fassung bleibt gelöst. Die böse Fee geht durch die beiden Kreise zu Dornröschen.

Strophe 4: Die böse Fee singt alleine und macht dabei lebhafte und weitausholende Zaubergesten. Dornröschen und der Hofstaat hocken sich auf den Boden, verbergen ihr Gesicht und schlafen ein. Die böse Fee geht weg und stellt sich in den Außenkreis.

Strophe 5: Die gute Fee geht zu den Schlafenden.

Strophe 6: Die gute Fee singt alleine und hält dabei ruhig ihre ausgebreiteten Hände über die sitzenden Kinder.

Strophe 7: Die gute Fee stellt sich in den Außenkreis, gleichzeitig faßt dieser durch. Die Kinder gehen zur Mitte und führen dabei die Arme hoch.

Strophe 8: Die Kinder singen und stehen um die Schlafenden herum.

Strophe 9: Der junge Königssohn schlüpft durch die „Hecke" und stellt sich zu den Schlafenden.

Strophe 10: Der Königssohn singt alleine und berührt dabei mit der Hand Dornröschen. Die Kinder wachen auf und erheben sich. Der Außenkreis geht gleichzeitig rückwärts und senkt dabei die Arme.

Strophe 11: Dornröschen und der Königssohn gehen in offener Fassung gegen Tanzrichtung ↻ im Kreis herum. Die anderen Kinder klatschen dazu.

Strophe 12: Alle tanzen im Kinderhüpfschritt: der Kreis (durchgefaßt) gegen Tanzrichtung, ↻ das Hochzeitspaar innerhalb des Kreises in Tanzrichtung ↺.

HINWEISE: Geeignetste Teilnehmerzahl 15-20 Kinder.
Sind es weniger Kinder, kann der Innenkreis auch weggelassen werden.

Jungfer Liese

Text: Überliefert und erweitert (3. + 5. Strophe)
Melodie: Richard R. Klein Tanzform: Überliefert

10

4-6

2. Kommt ein Kaufmannssohn daher auf der grünen Wiese,
hat ein Wams von Seide an, neigt sich vor der Liese:
„Jungfer lieblich . . . "
3. Kommt ein junger Schmied daher auf der grünen Wiese,
hat die Lederschürze an, neigt sich vor der Liese:
„Jungfer lieblich . . . "
4. Kommt ein Schneiderlein daher auf der grünen Wiese,
hat ein grünrot Röcklein an, neigt sich vor der Liese:
„Jungfer lieblich . . . "
5. Kommt ein Bauersmann daher auf der grünen Wiese,
hat die Arbeitsstiefel an, neigt sich vor der Liese:
„Jungfer lieblich . . . "
6. Liese wartet Jahr um Jahr auf der grünen Wiese,
doch kein König kommen mag, der da spricht zur Liese:
„Jungfer lieblich, Jungfer schön, tanzen wir ein wenig? "
„Ach, wie wär das tanzen schön, wär's auch grad kein König!"
7. Kommt der Schweinehirt daher, Jochen Christoph Stoffel,
hat nicht Schuh noch Strümpfe an, trägt nur Holzpantoffel.
„Lieber Stoffel, tanz mit mir auf der grünen Wiese!"
Und der Stoffel tanzt mit ihr, mit der dummen Liese.

AUFSTELLUNG: Kreis, Blick zur Mitte, durchgefaßt.
In der Mitte ist die Jungfer Liese.
Draußen vor dem Kreis warten 6 Jungen (Reitersmann, Kaufmannssohn, Schmied, Schneider, Bauer und Schweinehirt).

SCHRITTARTEN: Gehschritt, Kinderhüpfschritt.

TANZFORM:

Strophe 1:

Teil A: Die Kinder im Kreis gehen gegen Tanzrichtung ↻ Der „Reitersmann" schlüpft durch den Kreis und geht in Tanzrichtung ↺.

Teil B: Die Kinder im Kreis stehen.
Der „Reitersmann" hält vor der „Liese" und singt mit entsprechender Darstellung.

Teil C: „Liese" singt und wehrt ab.

Danach geht der „Reitersmann" und stellt sich mit in den Kreis.

Strophe 2-5: wie oben mit den entsprechenden „Freiern".

Strophe 6:

Teil A: Die Kinder gehen im Kreis gegen Tanzrichtung.

Teil B: Sie singen und ahmen alle den „König" nach.

Teil C: „Liese" singt.

Strophe 7:

Teil A: wie bei Strophe 1

Teil B: „Liese" singt und fordert den „Schweinehirt" zum Tanzen auf.

Teil C: Die Beiden tanzen, alle anderen klatschen.

HINWEIS: In der charakteristischen Darstellung der einzelnen Personen sollte man den Kindern möglichst viel Freiheit lassen.

Grünes Gras

Nach der Überlieferung

11

(4)5-6

AUFSTELLUNG: Kreis, Blick zur Mitte, durchgefaßt; in der Mitte einige Jungen, ohne Fassung.

SCHRITTARTEN: Gehschritt, Kinderhüpfschritt.

TANZFORM:

Teil A: Alle singen. Die Kinder im Kreis gehen gegen Tanzrichtung ↺, die Jungen in der Mitte in Tanzrichtung (hintereinander) ↻. Am Schluß stehen die Jungen mit dem Rücken zur Kreismitte vor einem Mädchen des Kreises.

Teil B: Der Kreis bleibt stehen, Fassung lösen. Auf „Dreh dich um . . . " drehen sich die Mädchen, vor denen ein Junge steht, einmal langsam auf der Stelle. Bei „Nein, nein . . . " winken die Jungen ab und gehen wieder hintereinander auf dem Kreis in Tanzrichtung.

Teil C: wie Teil A.

Teil D: wie Teil B; bei „Ja, ja . . . " klatschen die Paare in die Hände, und bei „Komm wir wollen tanzen." geben sie sich beide Hände und gehen einen Schritt in den Kreis.

Teil E: Alle Paare tanzen im Paarkreis mit Kinderhüpfschritt gegen Tanzrichtung ↺, bei der Wiederholung in Tanzrichtung ↻. Alle anderen Kinder im Kreis klatschen.

Nun beginnt der Tanz von vorne und die ausgewählten Mädchen gehen hintereinander im Kreis herum.

HINWEIS: In dieser und ähnlich bekannten Formen ist am Tanzaufbau (Jungen und Mädchenkreis, gemischte Paare) zu erkennen, daß dies ursprünglich ein Tanz für Erwachsene war, der aber durch die Kinder überliefert blieb.

Rumpumpels Landpartie

Text: Paula Dehmel (5. Str. erweitert)
Melodie und Tanzform: R.R. Klein

12

4-7

1.–5. Rum-pum-pel macht ne Landpartie. Er trommelt: Wer will mit?

1. Kommt das Kätz - chen Mau - se - mätz - chen, das will mit.
2. Kommt das Hünd - chen Bell - ein - stünd - chen, das will mit.
3. Kommt das Schweinchen Ro - sen - fein - chen, das will mit.
4. Kommt der Bär Brum - me - sehr, der will mit.
5. Kom - men al - le Kin - der her, wol - len mit.

So geht's im Trab,
berg - auf, berg - ab,
durch dünn und dick,
durch Schlamm und Schlick Rum - pum - pel schlägt die Trom - mel.

AUFSTELLUNG: Alle Kinder im Kreis, Blick zur Mitte, ohne Fassung.
Einige haben Spieltiere (Kätzchen, Hündchen, Schweinchen, Bär) im Arm.
Rumpumpel ist in der Mitte. Er hat eine (Kinder-) Trommel umgehängt.

SCHRITTART: Gehschritt

TANZFORM:

Strophe 1 — Teil A: Die Kinder stehen im Kreis.
Rumpumpel wandert in Tanzrichtung und schlägt auf seiner Trommel.
Teil B: Das Kätzchen folgt ihm.

Strophe 2 — wie oben, das Hündchen kommt dazu.

Strophe 3 — wie oben, das Schweinchen geht mit.

Strophe 4 — wie oben, der Bär tappt mit

Strophe 5 — wie oben, alle Kinder schließen sich an (paarweise, in Gruppen).

SCHLUSS: Alle wandern miteinander im Kreis herum.

Geht das Pferdchen

Nach der Überlieferung

13

4-6

AUFSTELLUNG: Einzeln, frei im Raum

SCHRITTARTEN: Gehschritt, Laufschritt, Galoppschritt vorwärts.

TANZFORM: Die Kinder gehen, laufen, hüpfen und gehen so, wie sie es im Lied singen.

HINWEISE: Das Tanzspiel ist besonders für dieses Alter geeignet, weil die Kinder vom Langsamen zum Schnellen und wieder zurück zum Langsamen gehen, laufen und hüpfen können. (Die 4. Strophe sollte am langsamsten getanzt werden.)

Es ist eine gute, natürlich aufgebaute Übung, zu diesem Lied in kurzer Zeit von einer Bewegung in die andere zu kommen.

Sind die Kinder noch nicht so geschickt, wird jede Strophe wiederholt, damit die Bewegungsdauer länger wird.

Kranzbinden

Nach der Überlieferung

14

4-6

2. Wir wollen den Kranz lösen, so lösen wir den Kranz,
für die (den) ..... hübsch und fein soll der Kranz gelöset sein.

AUFSTELLUNG: Kreis, Blick zur Mitte, durchgefaßt.

SCHRITTART: Gehschritt

TANZFORM:

Strophe 1: Es wird ausgemacht, welches Kind mit dem Kranzbinden beginnen soll. Dann gehen alle im Kreis herum gegen Tanzrichtung ↻. Am Ende der Strophe 1 kreuzt das gerufene Kind die Arme vor der Brust und faßt wieder an. Bei jeder Wiederholung der Strophe wird das nächststehende Kind „eingebunden"; es geht also strophenweise der Reihe nach, bis alle Kinder im Kranz stehen.

Strophe 2: Danach wird die Strophe 2 gesungen und beim ersten Kind beginnt wieder das Lösen.

HINWEISE: Das Lösen des Kranzes kann je nach Situation wegfallen.
Geeignetste Teilnehmerzahl: bis 12 Kinder.

Grün sind alle meine Kleider

Nach der Überlieferung
Tanzform: Ilse Tutt

15

4-5 (6)

AUFSTELLUNG: Kreis, Blick zur Mitte, durchgefaßt, ein einzelnes Kind in der Mitte.

SCHRITTART: Kinderhüpfschritt.

HILFSMITTEL: Einen Behälter (Pappkarton o.ä.) mit beiderseits gleich gefärbten Papptafeln (rot, grün, blau usw.). Größe der einzelnen Tafeln mindestens 15 cm x 15 cm. (Die Tasche sollte zur Erleichterung 2 Fächer haben.)

TANZFORM: Vor Beginn jeder Strophe zieht das Kind in der Mitte eine Farbtafel heraus und hält sie hoch, z.B. die grüne.

Teil A: Alle Kinder, die etwas Grünes an ihren Kleidern haben, treten in den Kreis.

Teil B: Sie drehen sich hüpfend um sich selbst. Die übrigen bleiben stehen und klatschen dazu. Währenddessen steckt das Kind in der Mitte die gezeigte Farbtafel weg.

Zur nächsten Strophe zieht es eine andere Farbtafel heraus und die entsprechenden Kinder tanzen.

HINWEIS: Zur Einführung und am Anfang Grundfarben zeigen lassen; erst später gemischte Farben hinzufügen.

Spielplatz — Karussell

Melodie, Text + Tanzform: Anneliese -Gaß•Tutt

16

4-7

2. Auf dem Spielplatz dreht sich schnell
unser großes Karussell .....

3. Auf dem Spielplatz dreht sich schnell
jedes schöne Karussell .....

AUFSTELLUNG: Im großen Außen- und kleineren Innenkreis, Blick zur Mitte, durchgefaßt.

SCHRITTART: Gehschritt.

TANZFORM:

Strophe 1: Innenkreis dreht sich gegen Tanzrichtung ↺, die Kinder des äußeren Kreises klatschen.

Strophe 2: Außenkreis dreht sich in Tanzrichtung ↻, die Kinder des inneren Kreises klatschen.

Strophe 3: Beide Kreise drehen gegeneinander:
Innenkreis in Tanzrichtung
Außenkreis gegen Tanzrichtung

HINWEISE: Am Anfang gibt der Zwischenruf Hilfestellung beim Einsatz.

Eine Vereinfachung für die ganz Kleinen ist es, wenn sie in Strophe 3 in der früheren Richtung weitergehen können, für größere Kinder ist die angegebene Form reizvoller.

Als Variation das Ganze im Hüpfschritt.

Heidi bums fallera

Nach mündlicher Überlieferung
Bearbeitet von Irmgard Gscheidle

17

(4) 5-6

AUFSTELLUNG: (Größerer) Außenkreis ohne Fassung; Innenkreis der „Tänzer" durchgefaßt; alle Blick zur Mitte.

SCHRITTARTEN: Galoppschritt (seitwärts), Gehschritt, Kinderhüpfschritt.

TANZFORM:

Teil A:

Takt 1 - 4: Der Außenkreis steht und singt mit den Kindern des Innenkreises. Die „Tänzer" tanzen im Galoppschritt (seitwärts) innen gegen Tanzrichtung

Takt 5 - 8: Die „Tänzer" lösen die Fassung; jeder geht auf ein Kind des Außenkreises zu und nimmt es bei den Händen (Zweihandfassung).

Teil B:

Takt 9 : Die Paare gehen mit 4 Schritten zur Mitte

Takt 10 : und mit 4 Schritten wieder nach außen.

Takt 11 - 12: wie Takt 9 - 10.

Takt 13 - 16: Alle Paare tanzen im Paarkreis gegen Tanzrichtung herum. Die anderen Kinder klatschen.

Nun beginnt der Tanz von vorne. Die ausgewählten Kinder sind nun „Tänzer" und bilden den Innenkreis.

HINWEISE: Als Variation kann vor jedem neuen Durchgang durch Zuruf der Namen die Zahl der „Tänzer" verändert werden. Nach dem Zählen der im Innenkreis stehenden Kinder wird dann das Lied mit der neuen „Tänzer"-zahl gesungen. Die Veränderung der „Tänzer"-zahl gibt die Möglichkeit, selten aufgeforderte Kinder in den begehrten Innenkreis zu bringen.

Es ist üblich und eine weitere Variation, zuerst nur Jungen als „Tänzer" im Innenkreis tanzen zu lassen. Sie suchen sich Mädchen aus, die anschließend „Tänzerinnen" im Innenkreis werden usw..

Teilnehmerzahl: mindestens 8, höchstens 40 Kinder.

Ich wollt

Nach der Überlieferung

18

5-7

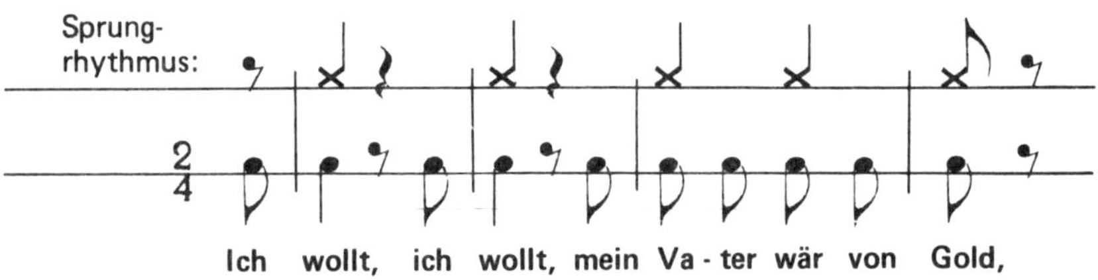

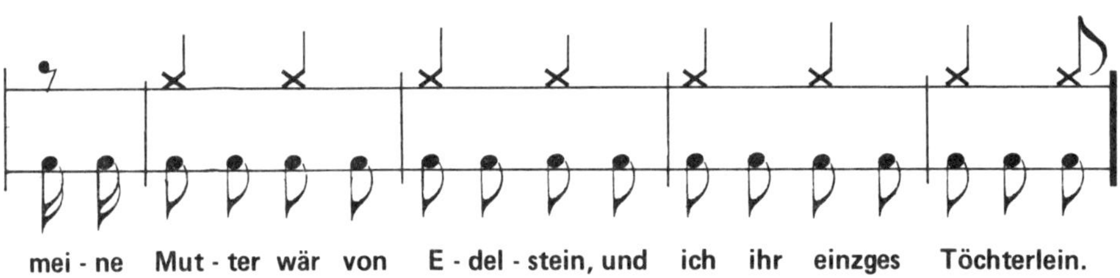

AUFSTELLUNG: Paarweise, frei im Raum, Zweihandfassung oder Kreuzfassung.

SCHRITTART: Spreizsprung.

TANZFORM: Die Kinder geben sich beide Hände (Zweihandfassung oder Kreuzfassung). Spreizsprung rechts (rechter Fuß vorwärts, linker Fuß rückwärts) und Spreizsprung links (linker Fuß vorwärts und rechter Fuß rückwärts) werden abwechselnd getanzt. Die Arme bewegen sich mit.

Die Sprungfolge ist im Rhythmus über dem Lied notiert.

HINWEISE: Tanzen die Kinder mehrmals nacheinander, beginnen sie beim 2. Mal mit dem linken Fuß vorwärts, beim 3. Mal mit dem rechten Fuß usw.

Da das Sprechen anstrengend ist, kann man zwischen Jungen und Mädchen abwechseln lassen. Die jeweils zuschauenden Kinder können dann klatschen.

Das Taubenhaus

Text und Tanzform: Friedrich Fröbel
Melodie bearbeitet

AUFSTELLUNG: Kreis, Blick zur Mitte, eng geschlossen, Hände gefaßt und hochgehalten. Einige Kinder sind im Kreis.

SCHRITTART: Gehschritt.

TANZFORM:

Teil A: Die Kinder gehen mit kleinen Schritten rückwärts.
Die Kinder innen sind die „Täubchen"
Sie ahmen mit den Armen das Flügelschlagen nach und schlüpfen unter den Armen der anderen nach außen.

Teil B: Die „Täubchen" fliegen draußen herum.

Teil C: Die „Täubchen" schlüpfen zurück und setzen sich wieder in der Mitte nieder, während der Kreis sich langsam wieder schließt. (Die Hände werden dabei nach oben geführt.)

Goldne goldne Brücke

Nach der Überlieferung

AUFSTELLUNG: Beliebig viele Kinder, angefaßt in der Reihe, ein einzelnes Paar.

SCHRITTART: Gehschritt.

TANZFORM 1:

Lied und Teil 1: Das Paar (= Sonne und Mond, Apfel oder Birne usw.) bildet mit den Händen ein Tor. Die Reihe schlüpft hindurch. Bei „hangen" senken die Kinder des Paares die Arme und fangen das Kind ein, das gerade durch das Tor schlüpfen wollte. Die Paarkinder fragen nun das eingefangene Kind leise die zuvor ausgemachte Frage (z.B. Sonne oder Mond? , Apfel oder Birne? , Rot oder Grün? usw.) Je nach Antwort stellt es sich hinter eines der beiden Kinder.

Teil 2: Sind alle Kinder eingefangen, wird ihnen verraten, wer „Engel" und wer „Teufel" geworden ist.

Teil 3: Dann werden die „Engel" geschaukelt: jedes Kind wird von den Torkindern auf den Sitz gesetzt (Zweihandfassung, die hoch gefaßten Hände sind die Lehne, die tiefgehaltenen der Sitz) und geschaukelt. Die „Teufel" werden gerüttelt: jedes Kind steht zwischen den gefaßten Händen der Torkinder und wird vor- und rückwärts gerüttelt.

TANZFORM 2: Wie oben. Sind jedoch alle Kinder eingefangen, reichen sich Sonne und Mond die Hände. Die Kinder hinter ihnen hängen sich an (Hände auf die Hüfte des Vorderen). Welcher Seite es gelingt,die andern zu sich herüberzuziehen, ist Sieger.

HINWEIS: Älteren Kindern (6-7-jährigen) macht das Spiel vor allem durch das eigene Aussuchen der Frage Spaß.

Auf Wiedersehn

Text: Nach mündlicher Überlieferung Melodie: Anneliese Gaß-Tutt
Tanzform: Irmgard Gscheidle

21

4-6

TANZFORM 1:

Aufstellung:	Kreis, Blick zur Mitte, ohne Fassung.
Schrittart:	Gehschritt.
Teil A:	Alle klatschen.
Teil B:	Zur Mitte und zurück gehen.
Teil C:	Kreis durchfassen: alle schwingen die Arme. Bei „Auf Wiedersehn“ werden die Arme in Schulterhöhe gehalten und leicht nach dem Wortrhythmus „geschüttelt“.

TANZFORM 2:

Aufstellung:	Paarweise hintereinander.
Schrittart:	Gehschritt (am Platz)
Teil A:	Alle klatschen.
Teil B:	Alle gehen am Platz.
Teil C:	weitergehen bis „sagen wir Auf Wiedersehen“, dazu winken sich alle zum Abschied zu.

HINWEIS: Tanzform 1 eignet sich dann, wenn genug Platz ist;
Tanzform 2 ist eine Verabschiedungsmöglichkeit, wenn die Kinder sich hintereinander zum Nachhausegehen aufstellen.

Drinnen und draußen in der Schule

Tanz mit mir

Melodie, Text und Tanzform: Anneliese Gaß-Tutt

22

6-8 und älter

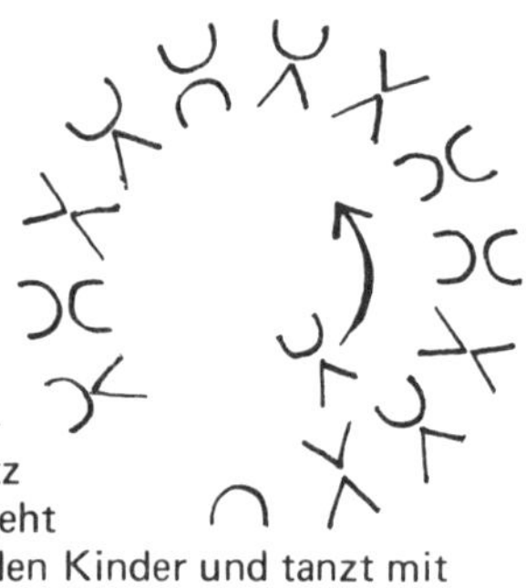

AUFSTELLUNG: Paarweise im Kreis, Zweihandfassung; ein einzelnes Kind.

SCHRITTARTEN: Gehschritt, Galoppschritt (seitwärts)

TANZFORM: Das einzelne Kind geht zu einem Paar und wählt ein Kind aus. Beide tanzen im Galoppschritt im Kreis herum bis zum Ausgangsplatz (Zweihandfassung). Das nun einzelne Kind geht zum nächsten Paar, wählt dort eines der beiden Kinder und tanzt mit diesem einmal herum. Neue Wahl des neuen einzelnen Kindes beim nächsten Paar usw., bis alle Paare herumgetanzt sind, oder Schluß sein soll.

HINWEISE: Durch den Gehschritt bei der Auswahl des Partners werden die Abstände beim Herumtanzen im Galoppschritt nicht zu knapp.

R u m p a

Text und Melodie nach der Überlieferung
Tanzform: Ilse Tutt

AUFSTELLUNG: Eine große Reihe durchgefaßt, ein Kind ihr gegenüber.

SCHRITTARTEN: Gehschritt, Kinderhüpfschritt.

TANZFORM:

Durchgang 1:

Teil A: Die Reihe steht, das einzelne Kind singt und geht mit 4 Schritten auf die Reihe zu und wieder zurück. Bei der Wiederholung wählt es dabei ein Kind aus und nimmt es mit zu seinem Platz.

Teil B: Die zwei Kinder stehen, die anderen singen und gehen mit 4 Schritten auf die Beiden zu und wieder zurück. Wiederholen.

Durchgang 2: wie Durchgang 1; beide Kinder singen, jedoch darf jetzt das hinzugekommene Kind wählen und „dazu die Claudia“ singen.

Durchgang 3: wie Durchgang 1; jetzt wählt die „Claudia“.

Auf diese Weise wächst die eine Reihe und die andere wird immer kürzer, bis ein Kind übrig bleibt.

Schlußtanz:	Das letzte Kind ist der „Onkel Fritz", um den die Kinder der Reihe einen großen Kreis bilden. Der Kreis tanzt im Kinderhüpfschritt gegen Tanzrichtung, „Onkel Fritze" innen in Tanzrichtung.
HINWEISE:	Das einzelne Kind am Anfang sollte anführend sein und singen können. Geeignetste Teilnehmerzahl: 10 - 15 Kinder.

Der lustige Hampelmann

Melodie, Text und Tanzform: Anneliese Gaß-Tutt

24

5-8

1. Seht mich an, seht mich an, bin ein lu - sti - ger Hampelmann.

Ham - pel -, Hampel -, Strampelmann.

2. . . . bin eine lustige Hampelfrau . . .

3. . . . bin ein lustiges Hampelkind . . .

AUFSTELLUNG: Kreis, Blick zur Mitte, durchgefaßt.

SCHRITTARTEN: Gehschritt, Hampelmannsprung

TANZFORM: Alle sind lustige Hampelmänner (-frauen, -kinder) und singen und tanzen.

Takt 1 - 2: Abwechselnd im Takt rechten und linken Fuß vorsetzen.

Takt 3 - 4: Jedes dreht sich mit 4 Schritten um sich selbst.

Takt 5 - 8: Jedes Kind springt den Hampelmann: Spreizsprung (Beine auseinander), dabei klatschen die Hände über dem Kopf zusammen; dann Sprung zurück (Beine schließen), die Hände klatschen zur Seite auf die Oberschenkel. (Dies 4 oder 8 mal, je nach Geschicklichkeit der Kinder.)

HINWEIS

Es muß darauf geachtet werden, daß die Abstände zwischen den Kindern groß genug nach dem Sich-herum-drehen für den Hampelmannsprung sind.

Große Uhren, kleine Uhren
(Kanontanz)

Kanon von Karl Karow
Tanzform: Anneliese Gaß-Tutt

25
7-8
und älter

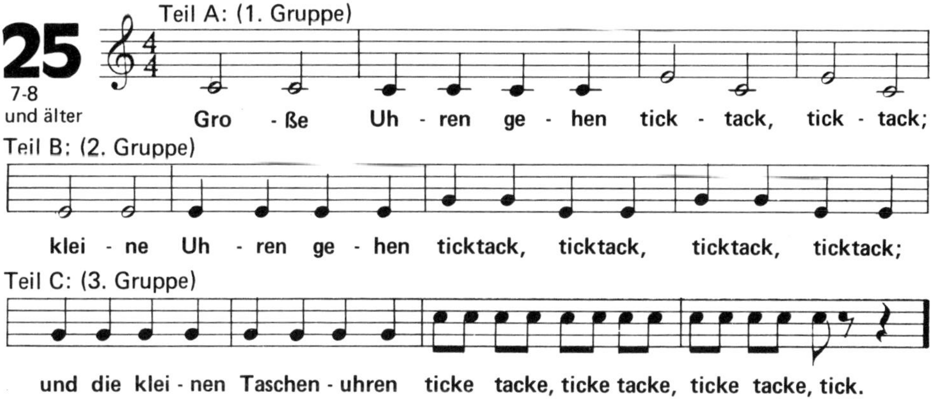

SCHRITTARTEN: Stampfschritt, Laufschritt.

TANZFORM 1 (einstimmiger Ablauf):

Aufstellung: Kreis (weitere Abstände voneinander als gewöhnlich), ohne Fassung, Blick zur Mitte.

Teil A: Alle Kinder sind große Uhren.
Takt 1: In die Hocke gehen.
Takt 2: Aufstehen.
Takt 3 - 4: Wie Takt 1 - 2.

Teil B: Alle Kinder sind kleine Uhren.
Takt 5 - 8: Mit hörbaren Stampfschritten drehen sich die Kinder einmal auf ihrem Platz herum (Linksdrehung ↺, wenn möglich beginnt der linke Fuß). Rhythmus : 𝅗𝅥 𝅗𝅥

Teil C: Alle Kinder sind kleine Taschenuhren.
Takt 9-12: Mit leichten Schritten auf der Stelle laufen und im Rhythmus ♩ ♩ ♩ ♩ leise dazu klatschen.

TANZFORM 2 (im Kanon):

Aufstellung: Verschiedene Dreiergruppen nebeneinander im Kreis (weitere Abstände voneinander als gewöhnlich), ohne Fassung, Blick zur Mitte (siehe Zeichnung).

Die Tanzform 1 wird von den 3 Gruppen im Kanon getanzt: Die Einser beginnen mit Singen und Tanzen; es folgen —wie sonst beim Kanon — die Zweier und danach die Dreier. Es kann nacheinander oder gemeinsam geschlossen werden.

HINWEISE: Dieser Tanz muß in vielen kleinen, methodisch aufeinanderaufgebauten Schritten eingeführt werden, sonst ist er für die Kinder zu schwer. Bei stückweiser Einführung kann er aber zum sehr beliebten Tanz werden. Den Kanon zu singen und zu tanzen steht erst am Schluß guter und langer Vorbereitung.

Als erste Vorübungen bieten sich z.B. an: Gehen und Laufen im langsameren und schnelleren Rhythmus, Klatschen wie große Uhren 𝅝 𝅝 , wie kleine Uhren 𝅗𝅥 𝅗𝅥 , wie kleine Taschenuhren ♩ ♩ ♩ ♩ ; schwingen der Arme im entsprechenden Rhythmus (je langsamer der Rhythmus, desto größer die Bewegungen und umgekehrt).

In Teil B können die Arme waagerecht vom Körper weg gehalten werden.

Das Tempo nicht zu schnell nehmen!

Hüpfhäuschen

Text: 1. Strophe nach der Überlieferung
Weiterer Text, Melodie und Tanzform: Ilse Tutt

26

7-8 und älter

2. 4, 5, 6
Hixe haxe hex,
hixe haxe Knusperhexe,
4, 5, 6

3. 7, 8, 9
Stire stare stein,
stire stare Rumpelbein,
7, 8, 9

4. 4 und 5
Trische trasche trümpf,
trische trasche Bombelstrümpf
4 und 5

5. 7 und 8
Sigge sagge sacht,
sigge sagge Seifenschaum,
7 und 8

Auch in moll zu singen :

AUFSTELLUNG: Einzelne Kinder, die vor ihrem Hüpfhäuschen stehen.

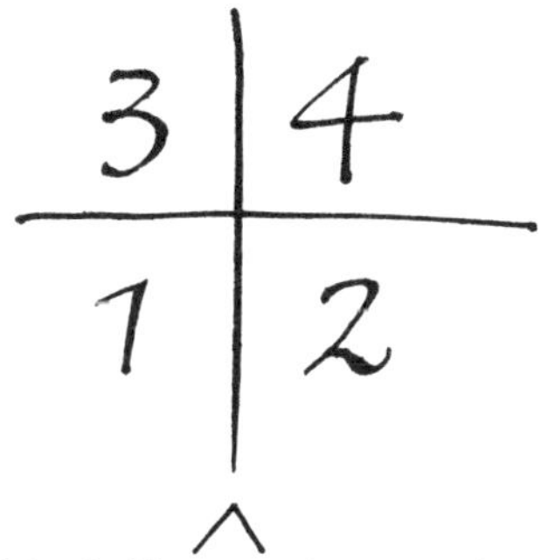

SCHRITTARTEN: Spreizsprung.

TANZFORM: Jedes Kind zeichnet mit Kreide ein Kreuz und nummeriert die Felder, ohne dabei die Linien zu berühren. Als Beispiel eine Möglichkeit:

Takt 1: Aus dem Stand Spreizsprung
linker Fuß in Feld 1
rechter Fuß in Feld 2 = 2 Sprünge im gleichen Feld.

Takt 2: Spreizsprung mit Rechtsdrehung
linker Fuß in Feld 4
rechter Fuß in Feld 2 = 1 Sprung

Takt 3: Spreizsprung mit Linksdrehung
linker Fuß in Feld 3
rechter Fuß in Feld 4 = 2 Sprünge (wie oben)

Takt 4: Schlußsprung mit halber Linksdrehung aus dem Häuschen heraus.

Takt 5: Spreizsprung:
linker Fuß in Feld 4
rechter Fuß in Feld 3 = 2 Sprünge (wie oben)

Takt 6: Spreizsprung mit Rechtsdrehung:
linker Fuß in Feld 1
rechter Fuß in Feld 3 = 2 Sprünge (wie oben)

Takt 7: Spreizsprung mit Linksdrehung:
linker Fuß in Feld 2
rechter Fuß in Feld 1 = 2 Sprünge (wie oben)

Takt 8: Schlußsprung mit halber Linksdrehung aus dem Häuschen heraus.

Andere Möglichkeiten in vereinfachter oder weiter erschwerter Form können selbst gefunden werden.

HINWEISE: Der überlieferte Begriff ist lebendig geblieben (auch Namen wie „Tempelhüpfen" und „Haislhupfa") und wurde beibehalten, obwohl im „Hüpfhäuschen" nur gesprungen wird.
Dieser Tanz ist der Versuch, einen Geschicklichkeitstanz für die Kinder zu finden. Neue Hüpfer und Sprungfolgen sollten die Kinder selbst finden, ebenso neue Reime.
Der größte Reiz zeigt sich bei diesem Tanz, wenn die Sprungfolgen sich in der Schwierigkeit steigern,und die eigene Geschicklichkeit vor den andern bewiesen werden kann.

Die Texte sind zur Auswahl gedacht.

Mausewoche

Text frei nach einer Idee von Josef Guggenmos
Melodie und Tanzform: Anneliese Gaß-Tutt

27

5-8
und älter

2. Was denkt die Maus am Dienstag . . .
3. Was denkt die Maus am Mittwoch . . .

AUFSTELLUNG:		Kreis, durchgefaßt, Blick zur Mitte.
SCHRITTARTEN:		Nachstellschritt, Gehschritt.
TANZFORM:		
Teil A:		Nachstellschritte.
Auftakt:		Linken Fuß heben,
Takt	1:	linken Fuß seitlich aufsetzen und rechten Fuß beistellen.
Takt	2 - 7:	je wie Takt 1.
Takt	8:	Linken Fuß aufsetzen und rechten unbelastet beistellen.

Teil B: Zur Mitte.
Takt 9 - 12: Mit je 4 Schritten zur Mitte und zurück.
Takt 13 - 16: Wie Takt 9 - 12.
Teil C: In die Hände klatschen.
Bei jedem Wochennamen in die Hände klatschen. (In jeder Strophe wird der nächste Wochentag zu den vorherigen hinzugefügt.)
Teil D: Einmal (mit 6 Schritten) um sich selbst herum am Platz drehen und zum Schluß bei „Katze" in die Hände klatschen (2 mal).
HINWEIS: Als Variation kann in Teil C nach einigen Strophen das Sing- und Klatschtempo gesteigert werden. (Teil D wird anschließend im vorherigen Tempo getanzt.)

Machet auf das Tor

Bearbeitet nach der Überlieferung

28

5-7

2. **Was bringt er denn? Was bringt er denn? Was kann er alles tragen?**
3. **Gold und Silber fein, Gold und Silber fein und dazu viele Edelstein.**

AUFSTELLUNG: Paarweise (Zweihandfassung) in einer langen Reihe.
SCHRITTART: Gehschritt.
TANZFORM: Alle Paare halten die Arme hoch. Paar 1 geht unter dem so entstandenen Tor durch und stellt sich am Ende wieder an. Die anderen folgen nach bei jeder neuen Strophe.
HINWEISE: Es muß darauf geachtet werden, daß zum Neu-Anstellen genügend Platz bleibt. Bei wenig Platz kann auch als Grundaufstellung der Kreis gewählt werden.

Auch diese Melodie ist überliefert:

H o c h z e i t Nach der Überlieferung

29

5-8

2. Du bist die schöne Braut . . . . .
3. Du bist . . . . . (usw. z.B. die Mutter, der Vater, die Schwester, der Bruder, die Tante, der Onkel, der Großvater, die Großmutter, die Freundin . . . . .)

AUFSTELLUNG:	Eine Reihe, durchgefaßt, ihr gegenüber ein Junge.
SCHRITTART:	Gehschritt, Kinderhüpfschritt
TANZFORM:	Die Schrittfolge in jeder Strophe ist: zweimal 4 Schritte vor und zurück.
Einleitung:	Die Reihe und der Junge tanzen aufeinander zu und wieder zurück.
Strophe 1:	Der Junge tanzt zur Reihe und wieder zurück. Anschließend Kehrreim: Die Reihe tanzt vor und zurück.
Strophe 2:	Der Junge tanzt zur Reihe, wählt sich eine „Braut" und nimmt sie mit auf seine Seite. Kehrreim der Reihe.
Strophe 3:	Das „Brautpaar" tanzt vor und zurück. Jetzt wählt die „Braut" und die beiden nehmen das neue Kind mit in die sich bildende Gegenreihe. Kehrreim der Reihe.
Strophe 4:	usw.: es wählt immer das zuletzt hinzugekommene Kind der Gegenreihe das neue Kind aus. Dabei bleibt es seinen Einfällen überlassen, wen es herüberholt (z.B. die Urgroßmutter usw.). Dies geschieht so lange, bis alle in der Gegenreihe sind.
Schluß:	Der Hochzeitszug: Die Kinder bilden einen Hochzeitszug. Das „Brautpaar" an der Spitze führt die andern, die paarweise folgen, zum Kreis. Die Paare wenden sich zueinander.umd hüpfen im Paarkreis umeinander. Schlußtanz : Alle gehen im Paarkreis gegen Tanzrichtung ↶.
HINWEISE:	Der Abstand zwischen Reihe und Kind sollte ungefähr 8 Schritte sein. Der einzelne Junge sollte alleine singen und anführen können.

Ist die Reihe sehr groß, kann man einmal 2 Kinder herüberholen lassen (z.B. „Ihr seid zwei Tanten"), die dann während des Kehrreims ausmachen, wen sie wählen wollen.
Die Schlußstrophe wird solange gesungen, bis der Schlußtanz vorbei ist.
Geeignetste Teilnehmerzahl: zwischen 12 und 18 Kindern.

30 Spring - Roien

Nach überlieferter Form
Bearbeitet von Ilse Tutt

6-8
und älter

AUFSTELLUNG: Großer Kreis, Blick zur Mitte, durchgefaßt, Arme nach unten.

SCHRITTARTEN: Nachstellschritt, Spreizsprung, Schlußsprung

TANZFORM:

Teil A:	Takt 1 - 4:	Vier Nachstellschritte gegen Tanzrichtung.
Teil B:	Takt 5:	Spreizsprung (rechter Fuß vor, linker Fuß zurück) mit Nachfedern
	Takt 6:	Spreizsprung, umwechseln der Füße
	Takt 7:	Spreizsprung seitwärts (Beine auseinander) und Kreuzsprung (rechter Fuß über linken kreuzen). (Es kann auch nur Schlußsprung gemacht werden.)
	Takt 8:	Schlußsprung.

Teil A und Teil B werden immer wiederholt.

Zu dieser Tanzform kann jedes 8-taktige Lied gesungen werden, wie:
„Ein Vogel wollte Hochzeit machen"
„Alle Vögel sind schon da"
„Der Kuckuck und der Esel".

HINWEISE: Der Roien ist ein alter Reigen, der noch vor ca. 100 Jahren im Allgäu lebendig war. Diese Tanzform wurde ursprünglich im gesamten europäischen Kulturkreis getanzt und ist heute noch auf dem Balkan, in Spanien und Frankreich erhalten.
Neue Schrittfolgen innerhalb dieser Tanzform können leicht gefunden werden.

Wir schließen das Tor — Text, Melodie und Tanzform: Thilde Lorenz

31

6-8

AUFSTELLUNG: Gasse, die beiden Reihen durchgefaßt.

SCHRITTARTEN: Gehschritt, Galoppschreit (seitwärts).

TANZFORM:

Teil A:
- Takt 1 - 2: Mit 4 Schritten aufeinander zugehen, die Arme zum Tor heben.
- Takt 3 - 4: Auf demselben Weg zurück.
- Takt 5 - 8: Ein Vorsänger (Lehrer o.ä.) ruft zwei sich gegenüberstehende Kinder auf, die sich mit gefaßten Händen an den Anfang der Gasse stellen.

Teil B:
- Takt 1 - 4: Beide tanzen mit Galoppschritten (seitwärts, Zweihandfassung) durch die Gasse.
- Takt 5 - 8: Ebenso zurück, verabschieden, als erstes Paar in die Gasse zurücktreten, die andern rücken auf.

Alle andern Kinder klatschen während Teil B.

Lust'ge Leut

Melodie nach der Überlieferung
Text und Tanzform: Anneliese Gaß-Tutt

32
6-8
und älter

Teil A:

Teil B:

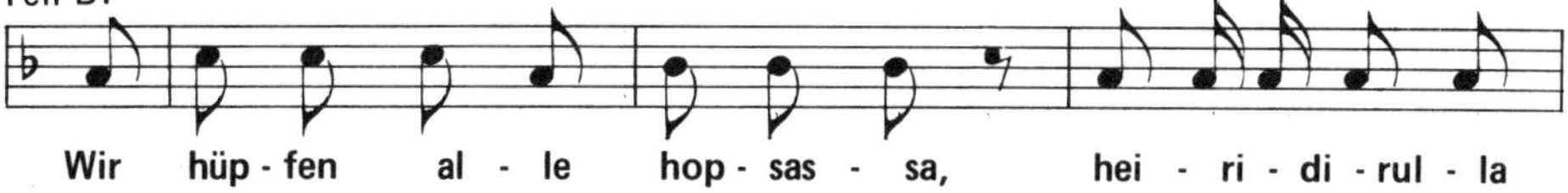

Teil C:

* auch: „Geburtstagsfest ist heut . . . ."
oder: „Ja, Sommerfest ist heut . . . ."
usw.

AUFSTELLUNG: Paarweise zueinander auf dem Kreis, Zweihandfassung.

SCHRITTARTEN: Gehschritt, Kinderhüpfschritt.

TANZFORM:
Teil A: Gehen im Paarkreis
Teil B: Mit Kinderhüpfschritten weiter im Paarkreis herum
Teil C: Verabschiedung: Die Kinder geben sich zum „Ade" die rechte Hand, drehen sich um 180 ° herum und begrüßen sich mit einem kleinen Kopfnicken.

HINWEISE: Es ist nicht wichtig, in welcher Tanzrichtung die Kinder im Paarkreis gehen und hüpfen; ebenso spielt es keine Rolle, auf welchem Ausgangsplatz die beiden nach dem Hüpfen stehen. Sie sollten sich nur auf der Kreisbahn (siehe Zeichnung) voneinander verabschieden.

Der Regenbogen

Melodie, Text und Tanzform: Anneliese Gaß- Tutt

33

6-8

AUFSTELLUNG: Paarweise hintereinander, offene Fassung.

SCHRITTART: Gehschritt.

TANZFORM:

Teil A: Die Kinder ziehen paarweise auf den Spielplatz.

Teil B: Der Regenbogen: Paar 1 bildet ein Tor mit den zuvor gefaßten Händen, Paar 2 macht es nach dem Durchschlüpfen ebenso. Es schlüpfen Paar 3, 4 usw. durch,bis alle Kinder im Bogen stehen.

Teil C: Schluß: Auflösung des Bogens je nach Fortsetzung des Tanzens.

Möglichkeit 1:
Paar 1 (und nach ihm jedes andere Paar) schlüpft durch den Bogen und führt alle Kinder in das (Klassen-) Zimmer.

Möglichkeit 2:
Paar 1 (und nach ihm jedes andere Paar) schlüpft durch den Bogen und geht weiter zu einem anderen Platz, um von Neuem einen Bogen zu beginnen.

Möglichkeit 3:
Alle Kinder lösen die Fassung, geben sich seitlich die Hände zu 2 langen Reihen, um anschließend einen Tanz in der Doppelreihe (z.B. „Der Sandmann ist da" oder „Mi-Ma-Mausemaus") zu tanzen. Dabei gehen sie ein wenig auseinander.

Möglichkeit 4:
Alle Kinder lösen die Fassung und geben sich seitlich die Hände zu 2 langen Reihen. Die Kinder von Paar 1 führen die Reihen nun zum großen Kreis und zur neuen Tanzaufstellung (z.B. „Gretel, Gretel" oder „Mausewoche"), siehe Zeichnung.

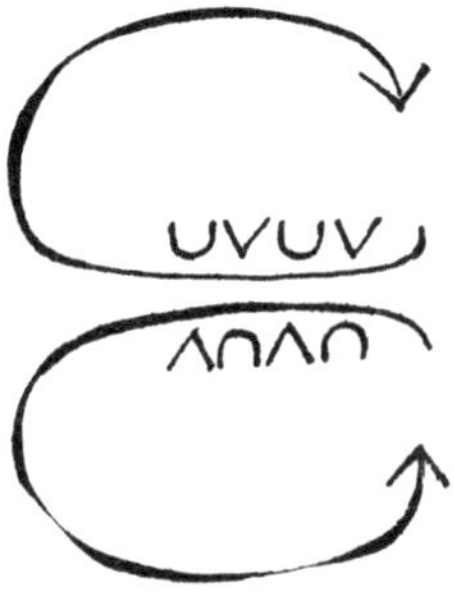

HINWEIS: Geeignetste Teilnehmerzahl 12 - 15 Paare.

Es gingen zwei Alte

Nach schwedischer Überlieferung

34

6-8
und älter

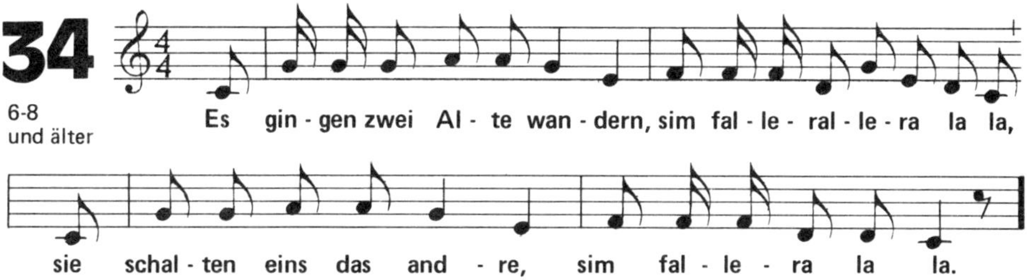

2. Sie stritten um 100 Gulden, sim fal . . .
   und hatten nichts als Schulden, sim fal . . .
3. Den Korb will ich dir schenken, sim fal . . .
   an eine andre denken, sim fal . . .
4. Die Hand will ich dir geben, sim fal . . .
   bleib du mir treu fürs Leben, sim fal . . .

AUFSTELLUNG:	Kreis, Blick zur Mitte, durchgefaßt; ein Paar in der Mitte.
SCHRITTARTEN:	Gehschritt, Kinderhüpfschritt.
TANZFORM:	Alle Kinder gehen gegen Tanzrichtung singend herum. Das Paar in der Mitte, die „Alten" gehen in Tanzrichtung Arm in Arm. Dabei machen sie die entsprechenden darstellenden Bewegungen.

Strophe 1:	Aufeinander schimpfen (mimisch und gestisch).
Strophe 2:	Um Geld streiten, Schulden sichtbar machen.
Strophe 3:	Abwinken beim Auseinandergehen.
Strophe 4:	Die beiden Kinder suchen sich einen anderen Partner. Dann hüpfen die neuen Paare in offener Fassung in Tanzrichtung innen im Kreis entlang (Kinderhüpfschritt). Dabei schwingen sie die gefaßten Hände vor und rückwärts. Die Kinder im Kreis klatschen dazu. Anschließend beginnt der Tanz von vorne. Die Zahl der Paare verdoppelt sich jedes Mal so lange, bis niemand mehr da ist.
HINWEISE:	Wird der Kreis außen zu klein, lassen die Kinder los und gehen allein gegen Tanzrichtung ↺. Nach Strophe 3 entstehen dann die neuen Paare mit allen Kindern untereinander. Dieser Tanz eignet sich gut bei einem Fest von Kindern und Eltern und läßt sich gut gemeinsam tanzen, wenn die Kinder nach einigen Strophen ihre Eltern holen.

Immer länger wird die Reih

Nach der Überlieferung

35

6-8
und älter

AUFSTELLUNG: Kurze Reihen von 4-5 Kindern, durchgefaßt. Die Reihen sind locker im Raum verteilt.

SCHRITTARTEN: Gehschritt, Kinderhüpfschritt.

TANZFORM:
Teil A: Die Reihen hüpfen vorwärts
Teil B: Das Kind am rechten Ende der Reihe hüpft zum anderen Ende, während die übrigen am Ort gehen.

HINWEIS: Die Reihen brauchen genügend Platz. Falls der Platz beschränkt ist, sollten die Reihen alle in einer Richtung vorwärts tanzen.

1, 2, 3, 4, 5, 6, 7, wo ist denn mein Schatz

Nach der Überlieferung

36

6-7

AUFSTELLUNG: Paarweise auf dem Kreis. Blick in Tanzrichtung, Kreuzfassung.

SCHRITTART: Laufschritt

TANZFORM:
Teil A:
Takt 1-2: Die Kinder laufen in Tanzrichtung, bei „sieb'n" machen sie kehrt.
Takt 3-4: Sie laufen gegen Tanzrichtung, bei „-blieb'n" drehen sie sich zueinander.
Teil B:
Takt 5: Die Kinder nehmen die eine Hand über die Augen und suchen nach der einen Seite.
Takt 6: Die Kinder nehmen die andere Hand über die Augen und suchen nach der anderen Seite.
Takt 7-8: Sie fassen sich an den Händen und laufen im Paarkreis herum.

HINWEIS: Als Variation Partnerwechsel auf Ansage.

Gretel, Gretel

Nach der Überlieferung

37

6-8

AUFSTELLUNG: Paarweise im Kreis, Zweihandfassung.

SCHRITTART: Galoppschritt (seitwärts).

TANZFORM:
Takt 1 - 4: Die Kinder stehen in Zweihandfassung und setzen abwechselnd den linken und den rechten Fuß vor.
Takt 5 - 6: Sie zeigen sich mit beiden Händen dem Text entsprechend die „10" und dann mit der rechten Hand die „5",
Takt 7 - 8: und klatschen im Melodie-Rhythmus.
Takt 9 - 12: Wieder in Zweihandfassung hüpfen sie im Galopp in Tanzrichtung. (Bei der Wiederholung kann gegen Tanzrichtung gehüpft werden.)

HINWEIS: Geeignetste Teilnehmerzahl: bis 15 Paare.

Mutter und Kind zu Hause

Das Rädchen geht langsam

Nach der Überlieferung
Bearbeitet von Gaby Nübel

38

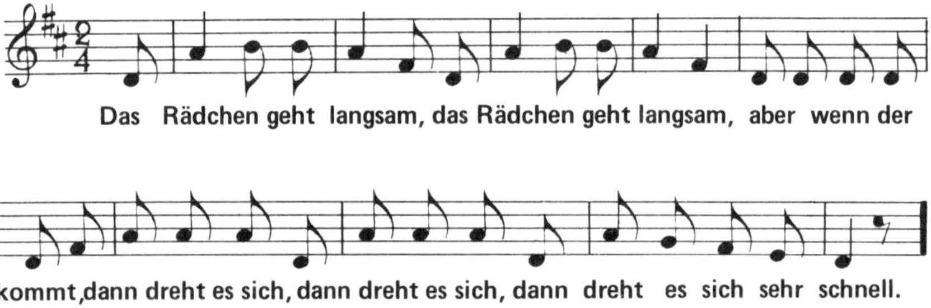

Weitere Texte zur Auswahl:

Der Kreisel geht langsam . . .
aber wenn die Peitsche knallt
dann dreht er sich sehr schnell.

Das Rad das geht langsam . . .
aber wenn der Motor brummt
dann dreht es sich sehr schnell.

AUFSTELLUNG: Mutter und Kind stehen sich gegenüber.
Sonst: Paarweise im Raum verteilt. Kreuzfassung.

SCHRITTART: Nachstellschritt.

TANZFORM: Mutter und Kind (die Kinder) fassen sich paarweise in Kreuzfassung an den Händen und drehen zuerst langsam (Takt 1-4), dann immer schneller umeinander. (Takt 5-10)

HINWEISE: Die Abstände müssen weit genug voneinander entfernt sein.
Vorsicht, das Tempo darf nicht zu schnell werden!

Herr Schmidt, Herr Schmidt

Bearbeitet nach der Überlieferung

39

AUFSTELLUNG: Mutter und Kind stehen sich gegenüber.
Sonst: Paarweise im Kreis. Zweihandfassung.

SCHRITTARTEN: Spreizsprung, Kinderhüpfschritt.

TANZFORM:

Teil A: Mutter und Kind (oder die Kinder) geben sich beide Hände. Spreizsprung rechts (rechter Fuß vor, linker Fuß zurück) und Spreizsprung links (linker Fuß vor, rechter Fuß zurück) werden abwechselnd getanzt. (Die Sprungfolge ist im Rhythmus über dem Lied notiert.) Die Arme bewegen sich mit.

Teil B: Mutter und Kind fassen die rechten Hände (Kinder hängen mit dem rechten Arm ein) und hüpfen umeinander herum.

Teil C: Wie Teil A.

HINWEISE: Das Lied kann auch in Gruppen gesungen werden, wobei der Eine im Paar bei Gruppe 1, der Andere bei Gruppe 2 singt:

Teil A: = Gruppe 1
Teil B: = Gruppe 2
Teil C: = Gruppe 3.

Diese Variation ist besonders reizvoll, wenn Mutter und Kind ein Paar sind.

Eine weitere Variation: in Teil B kann auch Galopp in Tanzrichtung getanzt werden (Zweihandfassung).

40 Dreh dich um

Text nach der Überlieferung
Melodie: Richard Rudolf Klein
Tanzform: Anneliese Gaß-Tutt

AUFSTELLUNG: Mutter und Kind stehen sich gegenüber.
Sonst: Paarweise im Raum verteilt oder im Kreis. Ohne Fassung.

SCHRITTARTEN: Gehschritt, Kinderhüpfschritt.

TANZFORM:

Strophe 1:

Teil A:
- Takt 1 - 2: Beide gehen voneinander weg drehend einen kleinen Kreis auf ihrem Platz (siehe Zeichnung).
- Takt 3 - 8: Sie geben sich beide Hände und gehen im Paarkreis.

Teil B:
- Takt 9: 2 mal klatschen,
- Takt 10: 3 mal stampfen,
- Takt 11 - 12: Klatschen, wie es gefällt.

Bei der Wiederholung von Takt 9 - 12 mit Kinderhüpfschritten im Paarkreis herum.

Strophe 2:

Teil A: wie oben.

Teil B:
- Takt 9 - 10: unter dem erhobenen rechten Knie klatschen, danach unter dem linken.
- Takt 11 - 12: Stampfen, wie es gefällt.

Bei der Wiederholung von Takt 9 - 12 mit Kinderhüpfschritten im Paarkreis herum.

Mit Teil A (wie oben) schließt der Tanz.

HINWEIS: Zu Teil B kann auch immer nur eine Form getanzt werden und später erst die andere hinzugenommen werden.

Ri - ra - rutsch

Nach der Überlieferung
Bearbeitet von Gaby Nübel

41

2. **Ri-ra-romnibus! Wir fahren mit dem Omnibus.**
   Der Fahrer schläft, da macht es bum,
   da fällt der alte Kasten um.
   Ri-ra-romnibus!
3. **Ri-ra-ritten! Wir fahren mit dem Schlitten.**
   Wir fahren übern tiefen See,
   da bricht der Schlitten ein, o weh.
   Ri-ra-ritten!
4. **Ri-ra-ruß! Jetzt gehen wir zu Fuß.**
   Da schläft uns auch kein Fahrer ein,
   da bricht uns auch kein Schlitten ein.
   Ri-ra-ruß!

AUFSTELLUNG: Mutter und Kind stehen sich gegenüber.
Sonst: Paarweise im Kreis, Blick in Tanzrichtung. Kreuzfassung.

SCHRITTARTEN: Kinderhüpfschritt, Laufschritt, Schleifschritt, Gehschritt.

TANZFORM:

Strophe 1:	Takt 1 - 9:	Alle hüpfen im Kinderhüpfschritt vorwärts.
	Takt 10:	Alle springen, ohne die Fassung zu lösen, in die Gegenrichtung.
Strophe 2:	Takt 1 - 9:	Alle laufen im Laufschritt vorwärts.
	Takt 10:	Alle in die Hocke und wieder aufrichten.
Strophe 3:	Takt 1 - 9:	Alle schleifen im Schleifschritt (der Fuß wird nicht vom Boden genommen) vorwärts.
	Takt 10:	Alle setzen sich mit Schwung auf den Boden.
Strophe 4:	Takt 1 - 9:	Alle gehen im Gehschritt vorwärts.
	Takt 10:	wie Strophe 1.

HINWEIS: Je nach Jahreszeit wird man mit der dafür geeigneten Strophe beginnen.

Zeigt her eure Füße

Nach der Überlieferung
Bearbeitet von Gaby Nübel

42

2. . . . wir hängen die Wäsche auf.
3. . . . wir nehmen die Wäsche ab.
4. . . . wir bügeln die Wäsche glatt.
5. . . . wir tanzen alle froh.

AUFSTELLUNG: Mutter und Kind stehen sich gegenüber.
Sonst: Kreis, Blick zur Mitte, durchgefaßt.

SCHRITTART: Kinderhüpfschritt.

TANZFORM:

Strophe 1 - 4:
Teil A: Abwechselnd im Takt rechten und linken Fuß vorsetzen.
Teil B: Fassung lösen und die betreffenden Arbeitsbewegungen machen.

Strophe 5:
Teil A: wie Strophe 1-4.
Teil B: mit Kinderhüpfschritt im (Paar-)Kreis gegen Tanzrichtung tanzen.

HINWEISE: Aus textlichen und musikpädagogischen Gründen wurde die altbekannte und weitverbreitete Fassung bearbeitet.
Wird der Tanz von vielen Kinder im (Klassen-) Zimmer gemacht, drehen sich die Kinder auf ihrem Platz (Strophe 5).

Holzsäger

Text und Tanzform nach der Überlieferung
Melodie: Anneliese Gaß-Tutt

43

AUFSTELLUNG: Mutter und Kind gegenüber. (Sonst: paarweise im Kreis, in der Reihe oder im Raum verteilt.) Kreuzfassung.

TANZFORM: Die Hände sind kreuzweise gefaßt.

Sägebewegung 1:
Die linken Hände sind das Holz, die rechten die Säge (gesägt wird an der Handfassung). Bei „knocks" bricht das Holz.

Sägebewegung 2:
Wie oben, die rechten Hände sind das Holz, die linken die Säge.

Sägebewegung 3:
Beide Hände sägen kreuzweise, die rechten Hände beginnen.

HINWEISE: Viele Variationsmöglichkeiten bringen besondere Arten des Sägens:
z.B. Langholz gesägt auf der Blattsäge,
Brennholz gesägt auf der Bügelsäge,
Kleinholz, schnell gesägt mit dem Fuchsschwanz.

Auch faule und fleißige Säger können u.a. dargestellt werden.

Diese Form kann ohne Umräumen im (Klassen-)Zimmer gemacht werden.

Mutter und Kind in der Turnhalle

Lauf, Dieb lauf — Nach schwedischer Überlieferung

44

AUFSTELLUNG: Paarweise hintereinander im großen Kreis, alle Blick zur Mitte, ein einzelnes Kind.

SCHRITTART: Kinderhüpfschritt.

TANZFORM: Der „Dieb" hüpft mit Kinderhüpfschritten quer durch den Kreis, holt sich jemand, der innen steht und hüpft mit ihm in Einhandfassung auf den Platz zurück. Der nun Einzelne wird „Dieb" und holt sich wieder einen Partner von einem anderen Paar usw.

So entsteht ein ständiger Wechsel, wer innen steht, wird geraubt, wer außen im Paar steht, darf „Dieb" sein.

HINWEISE: Sind viele Personen im Kreis dürfen mehrere „Diebe" Partner holen. Diese Form ist bewegter und macht noch mehr Spaß (geeignet für die Kinderfastnacht).

Wer sich im Paar nach vorne oder hinten stellt, ist nicht sehr wichtig, da beide Kinder aktiv werden.

Wide wide witt

Nach der Überlieferung

45

Teil A:

Wi - de wi - de witt wir wollen tanzen, wi - de wi - de witt wir

Teil B:

tan - zen so:

1. das ist ein - mal
2. das ist zwei - mal
3. das ist drei - mal
4. das ist vier - mal
5. das ist fünf - mal
6. das ist sechs - mal
7. das ist sieben - mal.

AUFSTELLUNG: Alle stehen im großen Kreis, Blick zur Mitte, durchgefaßt.

SCHRITTART: Kinderhüpfschritt.

TANZFORM:

Teil A: Mit Kinderhüpfschritten im Kreis gegen Tanzrichtung.

Teil B: Bei der 1. Strophe wird hier der 1. Sprung ausgeführt, bei jeder neuen Strophe kommt ein weiterer Sprung hinzu:

... einmal:	rechten Fuß nach vorne mit der Ferse aufsetzen.
... zweimal:	linken Fuß nach vorne mit der Ferse aufsetzen.
... dreimal:	rechtes Knie auf den Boden.
... viermal:	linkes Knie auf den Boden.
... fünfmal:	rechter Ellbogen auf den Boden.
... sechsmal:	linker Ellbogen auf den Boden.
... siebenmal:	die Stirn berührt den Boden.

HINWEISE : Man kann den Tanz auch 13 mal tanzen, wenn man danach die Zahl der Sprünge wieder um einen verringert.

Wichtig ist, daß man schnell wieder durchfaßt und den „Anschluß" nicht verpaßt.

Man kann natürlich auch andere Sprünge für Kinder erfinden.

Der Sandmann ist da — Nach der Überlieferung

46

AUFSTELLUNG: Paarweise in einer langen Gasse. SCHRITTART: Galoppschritt.

SCHRITTART : Galoppschritt

TANZFORM: Paar 1 gibt sich die Hände, hüpft durch die Gasse und stellt sich am Ende wieder an. Dann folgt Paar 2, ist dies angekommen Paar 3 usw.

HINWEISE: Die Gasse muß mindestens 3 Schritte breit sein.

Ist nicht sehr viel Platz, muß beachtet werden: jedesmal wenn ein Paar durchhüpft rücken alle Anderen einen kleinen Schritt zum Startplatz auf.

Der „Sandmann" läßt sich bei weniger Platz als Variation auch im Kreis tanzen.

Wagenschieben — Nach der Überlieferung

47

AUFSTELLUNG: Paarweise nebeneinander, Zweihandfassung.

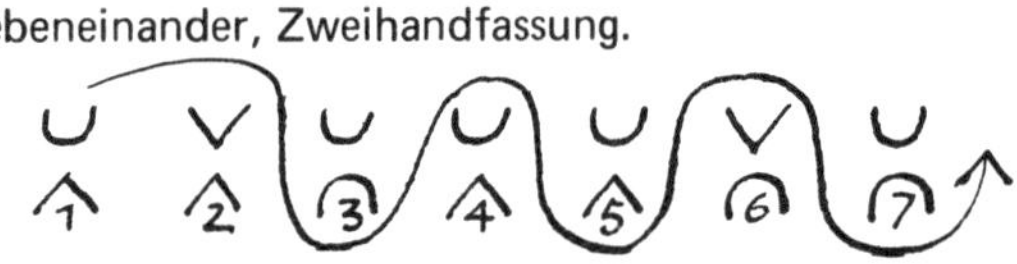

SCHRITTART: Laufschritt

TANZFORM: Takt 1-4: Paar 1 läuft mit 4 kurzen Schritten schräg rückwärts und mit 4 Schritten schräg vorwärts um Paar 2 herum. Es steht nun zwischen Paar 2 und Paar 3.

Takt 5-8: Paar 1 läuft in derselben Richtung 4 Schritte weiter und dann 4 Schritte rückwärts. Es steht dann zwischen Paar 3 und Paar 4.

So geht es weiter zwischen allen Paaren durch. Sobald Paar 1 zwischen Paar 3 und Paar 4 ist, beginnt Paar 2 dasselbe. Es hält mit Paar 1 immer die gleiche Richtung. Die anderen Paare rücken langsam auf bis sie an die Reihe kommen. Dies wird so lange getanzt, bis alle Paare wieder auf ihrem Platz sind.

HINWEISE: Das „Wagenschieben" ist besonders für Mutter und Kind (als Paar) geeignet, aber auch für Kinder allein (8-10 Jahre).

Wichtig ist, den richtigen Augenblick zum „Abfahren" zu finden.

Wenn die Paare am unteren Ende angekommen sind, müssen sie nach einer Pause in der gleichen Richtung zurückfahren, aus der sie gekommen sind.

Beste Teilnehmerzahl bis höchstens 10 Paare.

Ich bin ein kleiner Esel (Kanontanz)

Melodie und Text nach mündlicher Überlieferung
Tanzform: Cläre Fasbender

48

SCHRITTART: Gehschritt

TANZFORM 1:

Aufstellung: Einzeln auf der Kreisbahn, Blick in Tanzrichtung

- Teil A: Mit „schwerem Gepäck" auf dem Kreis gehen.
- Teil B: Nach der Musik auf der Stelle mit dem Hinterteil wackeln.
- Teil C: Abwechselnd nach links und rechts nicken und dabei „i-a" rufen.

TANZFORM 2:

Aufstellung: Einzeln in 3 lockeren Gruppen auf der Kreisbahn, Blick in Tanzrichtung.

Jede Gruppe tanzt Teil A, B, C, auf der Kreisbahn, Einsätze wie beim Kanonsingen. (Abstand von den anderen Gruppen halten.)

Als Variation dieser Tanzform umwandert jede Gruppe einen eigenen kleinen Kreis.

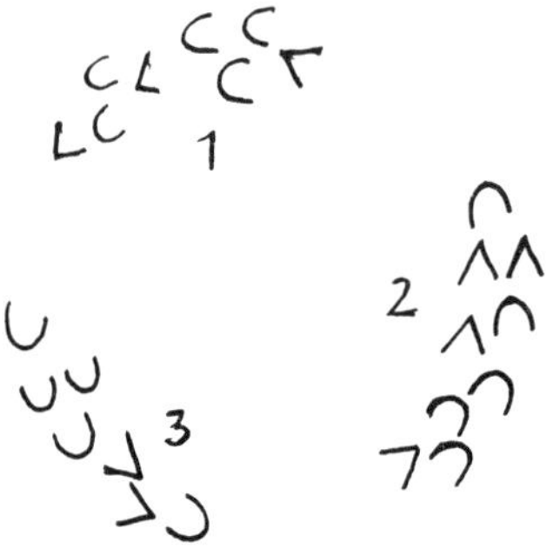

TANZFORM 3:

Aufstellung: 3 konzentrische Kreise.

Alle Gruppen tanzen zuerst (einstimmig) die Tanzform 1 und beginnen dann nacheinander im Kanon mit der Figurenfolge.

TANZFORM 4:

Aufstellung: 3 Gruppen je in einer Reihe frei im Raum verteilt, Hände auf den Hüften (Schultern) des Vorderen.

Alle tanzen wie in Tanzform 2, jede Gruppe sucht sich jedoch ihren eigenen Weg.

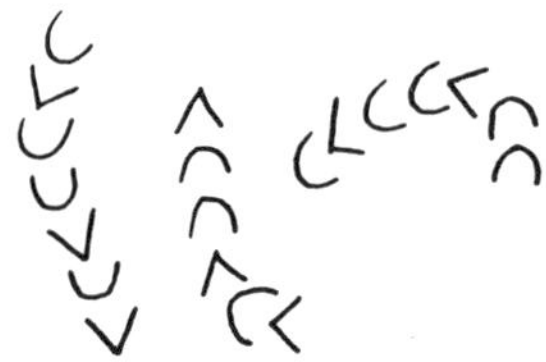

HINWEISE: Zuerst muß Tanzform 1 beherrscht werden. Danach stehen die anderen zur Auswahl.

Geeignetste Teilnehmerzahl: 5-10 Personen je Gruppe für Tanzform 2-4.

Durch die Darstellung der drei verschiedenen Tätigkeiten im Rhythmus der Melodie ist das mehrstimmige Singen und Tanzen leichter als sonst.

Als Text- und Bewegungsvariation kann auch gesungen werden:

„Ich bin ein kleiner Dackel ..... wau wau ....."
„Ich bin ein kleiner Hase ..... hopp hopp ....."
„Ich bin eine kleine Katze ..... miau miau ....." usw.

Schuster, Schneider, Schornsteinfeger

Schneider Mock

Nach der Überlieferung

AUFSTELLUNG: Alle Kinder fassen sich in einer langen Reihe.

SCHRITTART: Gehschritt.

TANZFORM: Das letzte Kind der Reihe ist der ,,Knoten". Es legt die freie Hand an einen Baum (Wand, Türklinke). Die ,,Nadel" am anderen Ende schlüpft durch dieses Tor und zieht alle anderen als ,,Faden" nach sich. Das letzte Kind dreht sich, läßt aber nicht los. Nun schlüpft die ,,Nadel" nacheinander durch das vorletzte und alle weiteren Tore. Dabei ändert sich nacheinander die Blickrichtung der Kinder, bis zum Schluß der ,,Faden" vernäht ist. Dann schließen ,,Nadel" und ,,Knoten" den Kreis, das ,,Röckchen" ist fertig.

Am Schluß ist die Reißprobe: alle ziehen ruckartig nach außen, auf ,,entzwei" reißt dann der ,,Faden", alle lassen los.

HINWEIS: Als Variation das Ganze im Laufschritt.

Ein kleiner Bauer

Nach mündlicher Überlieferung
Bearbeitet von Irmgard Gscheidle

50

AUFSTELLUNG:	Kreis, Blick zur Mitte, durchgefaßt; ein einzelnes Kind in der Mitte.	
SCHRITTART:	Gehschritt.	
TANZFORM:		
Durchgang 1	Teil A:	Die Kinder gehen im Kreis gegen, das einzelne Kind innerhalb des Kreises in Tanzrichtung.
	Teil B:	Der Kreis steht. Die Kinder lösen die Fassung. Der „Kleine Bauer" schlüpft durch den Kreis und wählt sich ein Kind aus, hinter das er sich stellt.
	Teil C:	Der „Kleine Bauer" klopft leicht mit seinen Fäusten auf den Rücken des ausgesuchten Kindes, die anderen klatschen.
Durchgang 2	Teil A:	wie 1 doch gehen nun 2 „Kleine Bauern" auf die Reise. Das erste Kind geht hinter dem ausgesuchten her.
	Teil B:	Ein neues Kind wird von Bauer 2 ausgewählt, Bauer 1 steht hinter Bauer 2.

	Teil C: Bauer 2 trommelt auf den Rücken des neuen Kindes, Bauer 1 auf den Rücken von Bauer 2. usw.
HINWEISE:	Sind es viele Kinder, können auch mehrere Bauern auf die Reise gehen.* Wird die „Bauern-"Reihe länger, gehen diese Kinder nur noch außen um den Kreis herum. Der „Kleine Bauer" läßt sich auch im (Klassen-)Zimmer tanzen. Dann gehen zu Anfang nur die Bauern, und die Kinder werden auf ihren Stühlen sitzend aufgefordert.

*Dann verändert sich der Text entsprechend.

Schwarzer Schornsteinfeger

Text: Dorothea Neckel Melodie: Horst Weber
Tanzform: Anneliese Gaß-Tutt

51

4-6

AUFSTELLUNG:	Kreis, Blick zur Mitte, durchgefaßt, einige „Schornsteinfeger" in der Mitte.
SCHRITTART:	Gehschritt.
HILFSMITTEL:	Schwarze Hütchen oder andere kennzeichnende Gegenstände.
TANZFORM:	Die „Schornsteinfeger" gehen wie sie wollen im Kreis spazieren; sie können auch durch den Kreis hindurchschlüpfen und außen herum gehen. Zum Schluß des Liedes geben sie dem nächststehenden Kind ihren Hut oder Ähnliches und stellen sich an den Platz des neuen „Schornsteinfegers".
HINWEISE:	Wichtig ist, daß die „Schornsteinfeger" sich bewegen und sich nicht schon vornehmen, welchem Kind sie den Hut geben wollen. Als Variation das Ganze im Kinderhüpfschritt.

Das Mühlenhaus

Text: nach Paula Dehmel
Melodie: Wilhelm Keller
Tanzform: Irmgard Gscheidle

52

5-8

2. Der Bäcker, der backt weiße Wecken, wi-, wa-, weiße Wecken,
braunes Brot und Streuselschnecken, Streuselschnecken.
Weiße Wecken, Streuselschnecken,
Mühlenhaus, Mehl heraus:
So sieht unsre Wirtschaft aus.

3. Der Metzger schlacht ein feistes Schwein, fi-, fa-, feistes Schwein
und pökelt Speck und Schinken ein, Schinken ein.
Feistes Schwein, Schinken ein,
Weiße Wecken, Streuselschnecken,
Mühlenhaus, Mehl heraus;
So sieht unsre Wirtschaft aus.

4. Der Bauer hat 'ne bunte Kuh, bi-, ba-, bunte Kuh,
die gibt uns Milch und Butter dazu, Butter dazu.
Bunte Kuh, Butter dazu,
feistes Schwein, Schinken ein,
weiße Wecken, Streuselschnecken,
Mühlenhaus, Mehl heraus:
So sieht unsre Wirtschaft aus.

5. Die Henne macht ein laut Geschrei, li-, la-, laut Geschrei,
und legt dabei ein frisches Ei, frisches Ei.
Laut Geschrei, frisches Ei,
bunte Kuh, Butter dazu,
feistes Schwein, Schinken ein,
weiße Wecken, Streuselschnecken,
Mühlenhaus, Mehl heraus:
So sieht unsre Wirtschaft aus.

AUFSTELLUNG:	Kreis, Blick zur Mitte, durchgefaßt.
SCHRITTART:	Gehschritt.
TANZFORM:	
Teil A:	Takt 1-4: Die Kinder gehen gegen Tanzrichtung  . Takt 5-8: Die Kinder gehen in Tanzrichtung . Danach Fassung lösen.
Teil B:	Nach dem Liedtext werden kennzeichnende Bewegungen ausgeführt: Einer macht die neuen Bewegungen vor, alle wiederholen. (Bei jeder neuen Strophe werden nach den neuen Bewegungen die schon bekannten nach dem Stichwort im Text wiederholt, sodaß eine Darstellungs- und Sing- ,,Kette'' entsteht.)
Teil C:	Alle klatschen im Liedrhythmus.

Beschreibung der Bewegungen:

Strophe 1:	
Mühlenhaus:	Mit den Unterarmen wie ein mächtiges Mühlenrad umeinanderkreisen.
Mehl heraus:	die 10 Finger ahmen nach, wie Mehl herunterrieselt.
Strophe 2:	
Weiße Wecken:	Mit den beiden (hohlen) aneinandergelegten Händen einen Wecken darstellen.
Streuselschnecken:	Mit den beiden Händen gleichzeitig Streuselschnecken in die Luft malen. 
Strophe 3:	
Feistes Schwein:	Mit den Händen die Ausmaße eines großen, dicken Schweins anzeigen.
Schinken ein:	die linke Hand (Handkante zeigt nach unten) vor sich in Brusthöhe halten, während die rechte Hand Fleisch hackt.
Strophe 4:	
Bunte Kuh:	Die beiden Hände werden zu Hörnern und der Kopf bewegt sich seitlich hin und her.
Butter dazu:	Die Hände ahmen das Melken nach.
Strophe 5:	
Laut Geschrei:	Mit den Armen wird das Flügelschlagen nachgemacht.
Frisches Ei:	Ein großes Ei mit beiden Zeigefingern in der Luft andeuten.

HINWEISE:

Diese Form ist in ihrer rhythmisch-gebundenen, spielerischen Darstellung eine Reaktions- und Gedächtnisübung. Sie ist für die meisten Kinder nicht schwer, wenn die Strophen nicht zu schnell gesungen werden; Temposteigerung ist bei 7-8Jährigen als Auffrischungselement möglich.

,,Das Mühlenhaus'' eignet sich auch gut zur Auflockerung des Unterrichts. Je nach Platzverhältnissen kann es auch im Sitzen ausgeführt werden. Dann werden schon in Teil A die neuen kennzeichnenden Bewegungen eingeführt und in Teil B nur noch kurz einmal wiederholt.

Schustertanz

Nach der Überlieferung
Bearbeitet von Ilse Tutt

53

6-8

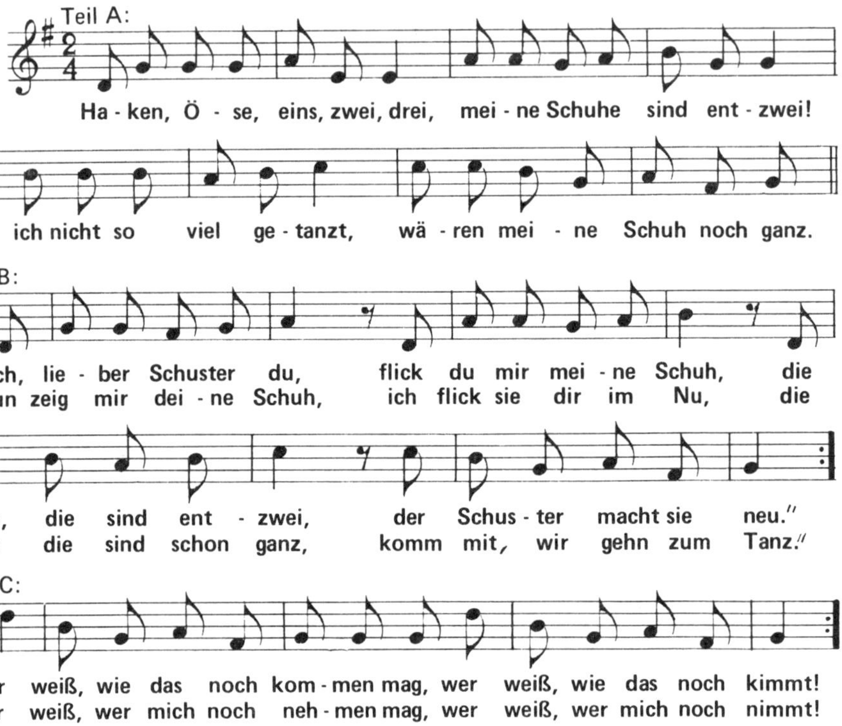

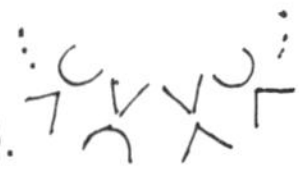

AUFSTELLUNG: Paarweise im Kreis, Blick zueinander, ohne Fassung.

SCHRITTARTEN: Laufschritt, Kinderhüpfschritt, Galoppschritt (seitwärts).

TANZFORM:

Teil A: Die innen stehenden Kinder verlassen ihren Partner und gehen durcheinander gegen Tanzrichtung im Kreis herum. Am Ende dieses Teils stellen sie sich vor einem neuen Partner auf. Die Kinder des äußeren Kreises sind inzwischen niedergekniet.

Teil B: Die stehenden Kinder setzen einen Fuß auf das Knie des Schusters. Sie singen und machen ihm durch Bewegungen klar, was er tun soll. Bei der Wiederholung singen die „Schuster" ihren Text und machen entsprechende Nähbewegungen. Am Ende stehen sie auf und fassen sich gegenseitig beide Hände.

Teil C: Im Galoppschritt (seitwärts) hüpfen die Paare (Zweihandfassung) in Tanzrichtung ↻ auf der Kreislinie.

HINWEISE: Der Tanz kann beliebig oft wiederholt werden.
Es sollte darauf geachtet werden, daß die Kinder nicht ständig mit dem gleichen Partner tanzen, sondern ein Partnerwechsel stattfindet.

Durch Zuruf können die Rollen getauscht werden, damit auch die anderen „Schuster" sein können.

Besentanz vom Straßenkehrer

Bearbeitet nach der Überlieferung

54

(5) 6-7

AUFSTELLUNG: 4-6 Paare in der Gasse einander gegenüber, ein einzelnes Kind.

SCHRITTARTEN: Gehschritt, Kinderhüpfschritt.

HILFSMITTEL: Ein Kehrbesen.

TANZFORM: Das einzelne Kind ist der „Straßenkehrer" mit dem Besen.

Teil A: Der „Straßenkehrer" geht die „Straße" zwischen den Kindern hinunter. Die Kinder sehen seiner Arbeit zu und können dazu klatschen.

Teil B: Der „Straßenkehrer" gibt seinen Besen einem andern Kind, an dessen Platz er sich stellt. Der neue „Straßenkehrer" stellt sich oben oder unten an der Gasse an.

Teil C: Die Kinder tanzen mit dem Partner gegenüber im Paarkreis mit Kinderhüpfschritt herum. Der neue „Straßenkehrer" tanzt mit dem Besen auf seinem Platz.

Dann beginnt der Tanz von vorne.

HINWEISE: Den „Straßenkehrern" sollte in der Darstellung viel Freiheit gelassen werden, damit sie beim Fegen ihre Rolle ausspielen können und dadurch immer neue Ideen bekommen.

Der Abstand zwischen den beiden Reihen sollte 6-8 Kinderschritte sein.

Die Kinder in den Reihen sollten nicht zu eng nebeneinader stehen, damit anschließend beim Paarkreistanzen genug Platz ist.

Spaß macht es, wenn die Kinder auf dem Besen reiten dürfen. Jedoch ist dazu ausreichend Platz Voraussetzung.

Es sollte darauf geachtet werden, daß jedesmal ein neues Kind „Straßenkehrer" sein darf. (Die Kinder, die bereits gekehrt haben, können sich zum Zeichen dafür die Arme ausruhend übereinanderlegen.)

Als Variation kann in Teil B der „Straßenkehrer" alleine singen.

Die dicke Köchin

Bearbeitet nach der Überlieferung

55

5-7

AUFSTELLUNG : Kreis,Blick zur Mitte,ohne Fassung,ein einzelnes Kind.

SCHRITTART : Gehschritt

TANZFORM: Die Kinder stehen im Kreis. Das einzelne Kind geht außen herum und fragt die Andern: „Ist die dicke Köchin da?“ Sie antworten: „Nein, nein, nein.“ Das Kind singt und geht weiter. Beim letzten Wort der Strophe („mit“) klopft es dem Kind, an dem es gerade vorbeikommt, auf den Rücken; dieses folgt ihm. Das wird so lange wiederholt, bis nur noch ein Kind übrig ist.

Schlußstrophe: Nach der Frage „Ist die dicke Köchin da?“ antworten alle: „Ja, ja, ja.“ und singen weiter mit. Bei „Hei, hei, hei“ klatschen alle in die Hände und schauen die „dicke Köchin“ an.

HINWEISE: Bei einer Wiederholung darf die „dicke Köchin“ den Anfang machen. Es ist pädagogisch besser, die übrigbleibende „dicke Köchin“ am Schluß nicht auslachen zu lassen, wie es in der überlieferten Form geschieht.

Geeignetste Teilnehmerzahl: 10-12 Kinder.

Schneck·Elefant+Schlange

Elefanten – Trott

Bearbeitet nach amerikanischer Überlieferung
Textübersetzung: Ulrich Kabitz

56
6-8

1. Ein Ele - fant wollt bummeln gehn, sich die wei - te Welt besehn.

**2. Langsam setzt er Fuß vor Fuß,
denn er ist kein Omnibus.**

**3. Bald ist er nicht mehr allein,
alles trampelt hinterdrein.**

**4. Und schon singt das ganze Land,
dieses Lied vom Elefant.**

AUFSTELLUNG: Kurze Reihen in Hüftfassung von 4-6 Kindern.

SCHRITTARTEN: Gehschritt, Tupfschritt.

TANZFORM: Takt 1: 4 Schritte vorwärts, links begonnen.
Takt 2: Tupfschritt links über rechts, danach Tupfschritt rechts über links.
Takt 3-4: wie Takt 1 + 2.

HINWEIS: Der Elefantentrott ist die für Kinder vereinfachte Form eines Tanzspieles für Erwachsene.

Der Schneck

Nach der Überlieferung

57

4-7

AUFSTELLUNG: Alle in einer langen Reihe, durchgefaßt.

SCHRITTART: Gehschritt.

TANZFORM:

Teil A: Ins Schneckenhaus hinein.
Die Kinder werden alle gegen Tanzrichtung in das Schneckenhaus geführt (siehe Zeichnung).

Teil B: Aus dem Schneckenhaus heraus.
Sind die ersten Kinder innen, wendet das anführende Kind links herum und führt so wieder auf dem gleichen Weg hinaus (siehe Zeichnung).

HINWEISE: Gut ist, wenn zu Anfang ein Erwachsener anführt.

Das Schneckenhaus darf nicht zu eng werden, da sonst der Rückweg schwierig ist.

Das Lied wird so lange gesungen, bis alle Kinder wieder herausgeführt sind.

Teilnehmerzahl: mindestens 15-20 Kinder.

Zip zip zipovitschka
(Kükentanz)

Nach tschechoslowakischer Überlieferung
Bearbeitet von Ilse Tutt

58

(4)5-7

AUFSTELLUNG: Kleine Kreise zu vieren.
Die Gegenüberstehenden fassen sich mit den rechten Händen und überkreuzen die gefaßten Hände der anderen.

SCHRITTARTEN: Gehschritt, Kinderhüpfschritt, Gehen in der Hocke.

TANZFORM:

Strophe 1:
- Teil A: Die Kinder tanzen in dieser Mühlenfassung im Kinderhüpfschritt herum. Zum Schluß loslassen.
- Teil B: Jedes Kind dreht sich mit Gehschritten am Platz und klatscht dazu, bei der Wiederholung in die Gegenrichtung drehen.

Strophe 2:
- Teil A: wie Strophe 1.
- Teil B: Jedes Kind dreht sich mit kleinen Schlußsprüngen am Platz und klatscht dazu, bei der Wiederholung in die Gegenrichtung drehen.

Strophe 3:
- Teil A: wie Strophe 1.
- Teil B: Jedes Kind geht in die Hocke, dreht sich mit kleinen Gehschritten am Platz und klatscht dazu.

HINWEISE: Es ist für Kinder schwierig, bei gelöster Fassung schnell wieder die Hand des Gegenübers zu finden. Dieses schnelle Zugreifen sollte zu Beginn geübt werden.

„Janošik" (sprich: Janotschik) bedeutet „Hänschen".

Mi-Ma-Mausemaus

Nach der Überlieferung
Tanzform: Ilse Tutt

59

6-8

2. Was macht er mit der Maus?
3. Er zieht ihr ab das Fell.

4. Was macht er mit dem Fell?
5. Er näht sich eine Tasch.

6. Was macht er mit der Tasch?
7. Er steckt hinein sein Geld.

8. Was macht er mit dem Geld?
9. Er kauft sich einen Bock.

10. Was macht er mit dem Bock?
11. Er reitet im Galopp.

12. Was macht er im Galopp?
13. Er fällt hinein in'n Dreck.

AUFSTELLUNG: In 2 Reihen zueinander, jeweils durchgefaßt.

SCHRITTART: Gehschritt.

TANZFORM:

Strophe 1: Reihe 1 singt und geht mit je 4 Schritten vor und zurück. Bei den letzten 2 Takten wird die Fassung gelöst und mit 4 Schritten einen Kreis um sich selbst getanzt. ↻

Strophe 2: Reihe 2 singt und tanzt von ihrem Platz aus wie Reihe 1.

So wechseln sich Reihe 1 und 2 ab, wobei Reihe 1 die Erzähltexte, Reihe 2 die Fragen singt und tanzt.

Die Riesenschlange

Nach der Überlieferung

60

4-8 und älter

2. Seht die große Riesenschlange,
sie geht aus zu ihrem Fange,
hin und her gehn Kopf und Schwanz,
ja, das ist der Schlangentanz.

3. Seht die große Riesenschlange,
sie geht aus zu ihrem Fange,
ringelt sich nun auch noch ein,
sieht grad aus, als wär sie klein.

4. Seht die große Riesenschlange,
sie geht aus zu ihrem Fange,
haltet aber alle fest,
denn das ist das Schlangennest.

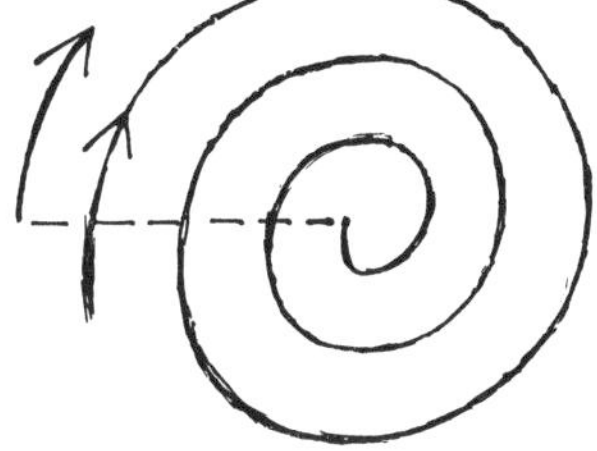

AUFSTELLUNG: Alle Kinder fassen sich zu einer langen Reihe.

SCHRITTART: Gehschritt.

TANZFORM: Strophe 1 + 2: Der „Kopf" geht mit der Reihe in Schlangenlinien frei durch den Raum.

Strophe 3 + 4: Die „Schlange" wird eng zur Spirale hineingeführt. Dann bleiben alle stehen und der „Kopf" sucht sich unter den erhobenen Händen der Stehenden den kürzesten Weg nach draußen und zieht so die Spirale wieder auf. (Siehe Zeichnung)

HINWEIS: Ist die Figur noch nicht zu Ende, singen alle wieder die Strophe 1. Teilnehmerzahl: mindestens 15-20 Kinder.

Die kleine Schlange

Text + Melodie: Anneliese Gaß-Tutt
Tanzform: Nach der Überlieferung

61

4 - 7

AUFSTELLUNG: Alle in einer langen Reihe, durchgefaßt.

SCHRITTART: Gehschritt.

TANZFORM: Das erste Kind beginnt – ohne die Fassung zu lösen – unter den Armen des 2. und 3. Kindes durchzuschlüpfen, geht hinter dem 3. Kind herum und unter den Armen des 3. und 4. Kindes wieder durch. Alle anderen Kinder zieht es seinen Weg mit. Wenn alle durch sind, beginnt das Schlängeln nach der andern Seite denselben Weg wieder zurück.

HINWEIS: Das erste Kind muß anführen können. Gut ist, wenn zu Anfang ein Erwachsener führt.

Auf der Straße

Tut! Das Auto kommt — Nach der Überlieferung

62
4-5

AUFSTELLUNG: Paarweise im Raum, Hüftfassung.

SCHRITTART: Gehschritt.

TANZFORM: Das Paar ist jeweils ein Auto: ein Kind hält die Hände nach hinten, das andere faßt sie. Die Kinder fahren so durch den Raum ohne zusammenzustoßen.

HINWEISE:

Var 1: Das hintere Kind ist vorne.
Var 2: Das Ganze im Laufschritt.
Var 3: Gegenstände geben den Weg nicht mehr überallhin frei.
Var 4: Es sind z.B. mit Tischen und Stühlen Straßen, -kreuzungen und Kurven angedeutet.

Klingeling, da kommt sie an

Text, Melodie und Tanzform: Anneliese Gaß-Tutt

63

4-5

AUFSTELLUNG:	Kurze Reihen in Hüftfassung von je 5-6 Kindern.
SCHRITTART:	Gehschritt.
TANZFORM 1:	Die Kinder legen die Hände auf die Hüfte des Vorderen und fahren miteinander kreuz und quer durch den Raum.
TANZFORM 2:	wie oben, jedoch ist nun die Straßenbahnstrecke festgelegt, und die Straßenbahnen fahren hintereinander mit Abstand.
TANZFORM 3:	wie Tanzform 2, jedoch fährt jetzt auch der Gegenverkehr.
HINWEISE:	Als Variation halten die Kinder bei jedem Strophenende an. Bei Tanzform 2 und 3 sollte die Fahrtstrecke ringförmig sein (also ohne Endstation).

Die Schwäbische Eisenbahn

Text und Melodie: Nach der Überlieferung
Tanzform: Nach südafrikanischer Überlieferung
(Bearbeitet von Gaby Nübel)

Gesprochen: „Jetzt geht's los!" – Pfiff!

64

5-8

AUFSTELLUNG: Paarweise im großen Kreis, Blick zur Mitte, durchgefaßt.

SCHRITTARTEN: Gehschritt, Kinderhüpfschritt.

TANZFORM:

Teil A: Alle gehen mit 8 Schritten zur Mitte und machen mit den gefaßten Händen Kreisbewegungen vorwärts (wie rollende Räder).
Bei der Wiederholung 8 Schritte rückwärts.

Teil B: Im Paarkreis hüpfen die Kinder herum.
Am Schluß haben alle den Platz gewechselt.
Nach jeder Strophe bekommen alle einen neuen Partner.

HINWEIS: Der Partnerwechsel kann bei ungeübten Kindern zu schwer sein. Dann fällt er weg, und die Kinder tanzen immer mit demselben Partner.

Der vollständige Text lautet im Original:

1. **Auf de schwäbsche Eisebahne gibts gar viele Haltstatione,**
   Schtuegert, Ulm ond Biberach, Meckebeura, Durlesbach.
2. **Auf de schwäbsche Eisebahne wollt amal a Bäuerle fahre,**
   goht an Schalter, lupft de Hu: „Oi Billettle, send so gut!"
3. **Eine Geiß hat er sich kaufet, ond daß sie ihm net verlaufet,**
   bindet sie der gute Ma hinte an de Wage na.
4. **„Böckle, tu no woidle springe, 's Futter werd i dir scho bringe."**
   Setzt sich zu sei'm Weible na ond brennt's Tabakspfeifle a.
5. **Auf der nächste Statione, wo er will sei Böckle hole,**
   findt er bloß no Kopf ond Soil an dem hintre Wagetoil.
6. **Do kriegt er en große Zorne, nimmt den Kopf mitsamt de Horne,**
   schmeißt en, was er schmeißa kan, dem Konduktör an' Ranza na:
7. **„So, du kannsch de Schada zahla, warum bist du so schnell g'fahre!**
   Du allein bischt Schuld dara, daß i d' Goiß verlaura ha!"

Eisenbahn von nah und fern

Nach mündlicher Überlieferung

65

4-6

AUFSTELLUNG: In kleinen Gruppen oder allein, frei im Raum, ein einzelnes Kind.

SCHRITTART: Gehschritt.

TANZFORM: Das einzelne Kind „fährt" als „Eisenbahn-Lokomotive" herum. Ist das Lied zu Ende, bleibt es stehen, und das nächststehende Kind (die nächststehende Kindergruppe) hängen sich an (die Hände auf die Hüften des Vorderen) und die Fahrt geht von vorne los.

HINWEISE: Sind es viele Kinder, können mehrere „Eisenbahn-Lokomotiven" fahren.

Als Variation für Ältere auch im (kurzen) Laufschritt.

Am Zebrastreifen

Text, Melodie und Tanzform: Anneliese Gaß-Tutt

66

5-8 und älter

AUFSTELLUNG: Gasse (bis zu 8 Paare).

SCHRITTARTEN: Gehschritt, und je nach Wahl Hüpf- und Galoppschritte.

TANZFORM:

Teil A: Paar 1 geht oder hüpft oder tanzt im Galopp in offener Fassung, in Kreuzfassung oder in Zweihandfassung durch die „Straße" bis ans Ende der Reihe und schließt sich dort vor Beginn des nächsten Teils wieder an. Die andern Kinder klatschen dazu.

Teil B: Die Reihen fassen durch und gehen mit 4 Schritten aufeinander zu und ebenso zurück.

Teil C: Fassung lösen. Alle Kinder schauen von ihrem Platz aus nach links und dann nach rechts.

Teil D: Sie gehen mit 8 Schritten zwischen den Kindern der Gegenseite durch und wenden sich wieder einander zu.

Bei jedem Teil A tanzt jetzt das nächste Paar 1 durch die Reihen bis zum Ende der Reihe und schließt sich dort wieder an.

HINWEISE: Der Abstand zwischen den beiden Reihen sollte etwa 8 (Kinder-) Schritte sein.

Ist nicht viel Platz,muß beachtet werden : Jedesmal, wenn ein Paar durchhüpft,rücken die andern Kinder einen kleinen Schritt zum Startplatz auf.

Im (Variations-) Teil A ist es notwendig, alle Wege, Schritte und möglichen Fassungen einzeln einzuführen. Dieses jeweils neue Motiv macht den Tanz besonders reizvoll. Erst später dürfen die Kinder selbst wählen.

Ist Paar 1 zu früh am Ende der Reihe angelangt, tanzen die beiden Kinder dort am Platz (im Paarkreis mit verschiedensten Schritten, mit Nachstellgalopp im Kreis usw.).

Der Platzwechsel der Reihen in Teil D ist schwierig für die Kinder und sollte besonders geübt werden.

Ampel rot – Ampel grün!

Melodie nach einer Volksweise
Text und Tanzform : Ilse Tutt

67
6-8
und älter

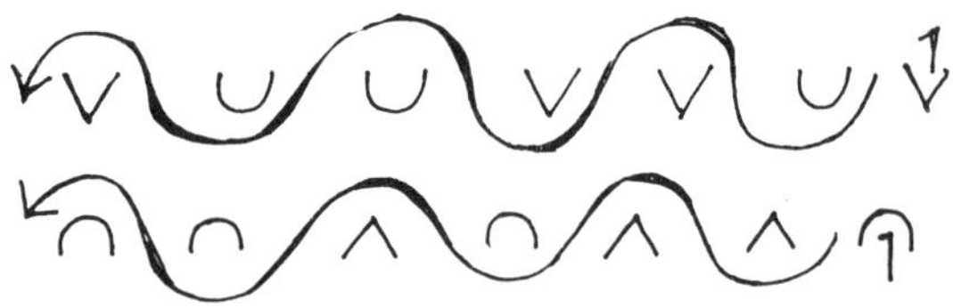

AUFSTELLUNG: Gasse (bis zu 8 Paare).

SCHRITTARTEN: Laufschritt, Gehschritt.

TANZFORM: Die Reihen stehen im Abstand von etwa 8 kleinen Schritten einander gegenüber. Zwischen den einzelnen Kindern ist soviel Abstand, daß ein Kind zwischendurch gehen kann.

Teil A: Das erste Kind setzt sich in Bewegung und schlängelt sich zwischen den Kindern seiner Reihe durch bis ans Ende der Reihe, wo es sich anstellt.

Teil B: „...bleibst du stehn": Bis zu diesem Teil am Ort gehen. „Bei Grün...": zwischen den Kindern der Gegenseite durch auf die andere Seite der „Straße" einen Weg suchen, dort Kehrtwendung.

Bei Teil A sucht sich immer das jetzt erste Kind der Reihe seinen Weg in Schlangenlinie auf den letzten Platz.

HINWEISE: Die Abstände zwischen den einzelnen Kindern und zwischen den Reihen müssen den kindlichen Schritten angepaßt werden.
Das Durchschlängeln durch die Reihe muß geübt werden.

Tänze für kleine Feste

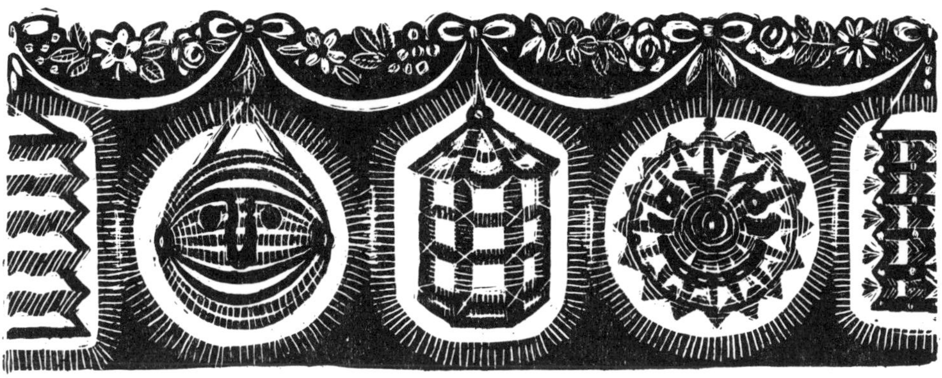

Rasseltanz

Text, Melodie und Tanzform: Ilse Tutt und Anneliese Gaß-Tutt

68

5-8 und älter

2. Wer tanzt in unserem Haus herum? Holler boller bum.
Das ist die Holler-Boller-Frau,
die tanzet wie ihr Mann genau.
Holler Boller bum.

3. Wer tanzt in unserm Haus herum? Holler boller bum.
Das ist das Holler-Boller-Kind,
es tanzt im Kreis herum geschwind.
Holler boller bum.

AUFSTELLUNG: Kreis, Blick zur Mitte, ohne Fassung.

HILFSMITTEL: Jedes Kind hat eine Rassel.

SCHRITTARTEN: Gehschritt, Kinderhüpfschritt.

TANZFORM:

Strophe 1:

Teil A: Die Kinder tanzen im Kinderhüpfschritt um ihre Rassel, die vor ihnen auf der Erde steht. (Zeichnung 1)

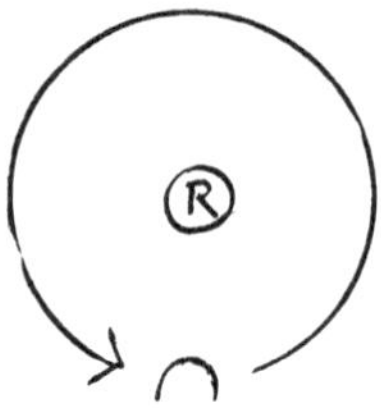

Zeichnung 1

Teil B: Sie nehmen ihre Rassel in die Hand (oder in beide Hände) und gehen in Tanzrichtung auf der Kreislinie herum.

Teil C: wie Teil B, jedoch betontes Rasseln.

Strophe 2:

Teil A: Die Kinder tanzen im Kinderhüpfschritt um ihre eigene Rassel und die des rechten Nachbarn (Zeichnung 2)

Zeichnung 2

Teil B: wie bei Strophe 1

Teil C: wie bei Strophe 1.

Strophe 3:

Teil A: Die Kinder hüpfen über die eigene Rassel zur Mitte und zurück (je 4 mal).

Teil B: wie bei Strophe 1

Teil C: wie bei Strophe 1.

HINWEISE: Rasseln sind leicht selbst herzustellen. In Blechbüchsen, die mit Kinderhänden bequem umfaßt werden können, werden kleine Steinchen gefüllt. Man klebt die Büchsen mit Klebstreifen zu und kann sie auch bemalen.

Es macht Kindern besonderen Spaß, mit Rasseln umzugehen — Rasseln sind Ur-Instrumente.
Es ist für Kinder dieses Alters nicht ganz leicht,zu gehen und gleichzeitig mit der Rassel den Grundschlag zu geben. So ist es zweckmäßig, zuerst den Grundschlag stehend am Platz zu üben.
Mögliche Variationen von Teil B (für die 7-8 Jährigen):
Gehen, dann Hüpfen, dann Nachstellschritt (Blick zur Kreismitte).

G e b u r t s t a g s t a n z

Melodie, Text und Tanzform: Anneliese Gaß-Tutt

69

4-8

Teil A:

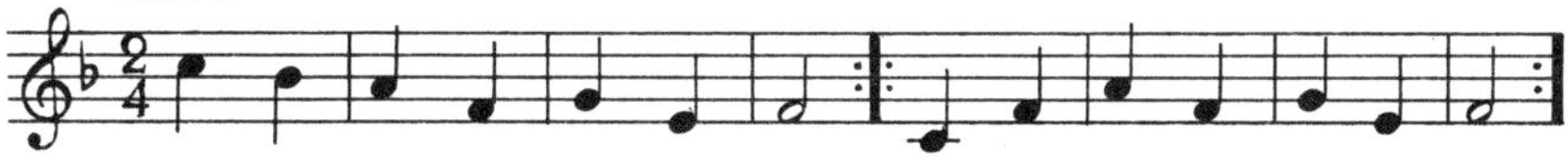

Im Ka - len - der steht ein Tag, Hop - sa hei - ßa tra la la,
den ich ganz be - son - ders mag. dann ist mein Ge - burtstag da.

Teil B:

Ist er im Ja - nu - ar? Er ist im Ja - nu - ar.
Fe - bru - ar? Fe - bru - ar.
März? usw. März. usw.

Teil C:

Hei, di - del dei di - del du - del da - del dom bom dom bom bom.

(Teil C kann wiederholt werden.)

AUFSTELLUNG:	Kreis, Blick zur Mitte, durchgefaßt.	
SCHRITTARTEN:	Gehschritt, Kinderhüpfschritt.	
TANZFORM 1:	Teil A:	Alle im Kreis 4 Schritte vor und wieder zurück. Wiederholen.
	Teil B:	Alle stehen und fragen. Die Geburtstagskinder des jeweiligen Monats antworten und treten in den Kreis.
	Teil C:	Die Geburtstagskinder drehen sich im Kreis um sich selbst herum. Die andern klatschen.
TANZFORM 2:	Teil A:	Wie oben.
	Teil B:	Wie oben.
	Teil C:	Die Geburtstagskinder hüpfen im Kreis in Tanzrichtung und stellen sich danach wieder in den Kreis zurück.
TANZFORM 3:	Teil A:	Wie oben.
	Teil B:	Wie oben.
	Teil C:	Die Geburtstagskinder fassen sich innerhalb des Kreises zu einer Reihe und hüpfen in Tanzrichtung. Danach stellen sie sich wieder auf ihren Platz.

HINWEISE: Die Tanzform 1 ist für Kinder aller Altersstufen geeignet.
Bei kleineren Kindern ist es ratsam, ihre Geburtsmonate zu kennen oder sich zu vergewissern, daß ihn jedes Kind kennt.

Zappeltanz zum Karneval

Text und Tanzform: Ortfried Pörsel
Melodie: Heinz Lemmermann.

Kehrreim: (rhythmisch sprechen)

70

6-8
und älter

Strophe

(Sofort wieder Kehrreim anschließen)

2. Alle wilden Cowboys reiten .....
3. Alle Clowns vom Zirkus strampeln ....
4. Alle Hörnerteufel bocken .....
5. Alle Faschingstiere fliegen .....
6. Alle Küchenfeen rühren .....
7. Alle alten Weiber humpeln .....
8. Und das ganze Lumpengsindel .....

AUFSTELLUNG:	Die verkleideten Kinder sitzen im Kreis auf den Stühlen.
SCHRITTARTEN:	Alle passenden Hüpf-, Sprung- und Gehschritte.
TANZFORM:	
Kehrreim:	Alle singen das Sprechlied. Danach wird angesagt, wer jetzt zum Tanzen an die Reihe kommt.
Strophen:	Alle Kinder mit gleichartigen Kostümen gehen rasch in den Kreis und führen jeder einen „Zappeltanz" auf mit seinen eigenen Schritterfindungen. Die anderen im Kreis singen und klatschen.
HINWEIS:	Die Strophen sind (außer der letzten) je nach Verkleidung der Kinder austauschbar oder zu ergänzen.

Regentropfentanz

Text: aus einer Stuttgarter Grundschule
Melodie und Tanzform: Anneliese Gaß-Tutt

71
(5) 6-8

2. Der Regen fällt, der Regen fällt!
Die Tropfen fall'n zur Erde nieder,
die Wolke sehn sie nimmer wieder.

3. Der Regen fällt, der Regen fällt!
Die Tropfen fall'n auf die Stadt hinunter,
die Regenschirme machen sie bunter.

4. Der Regen fällt, der Regen fällt!
Die Tropfen fall'n auf Wald und Feld,
der Regen kostet gar kein Geld.

5. Der Regen fällt, der Regen fällt!
Bald ist die dicke Wolke leer,
es fallen keine Tropfen mehr.

AUFSTELLUNG: Die Kinder stehen nicht zu eng beieinander in der Mitte des Raumes, ein einzelnes Kind.

SCHRITTART: Kinderhüpfschritt.

TANZFORM:

Strophe 1: Das einzelne Kind ist der erste „Regentropfen". Es tanzt auf ein Kind in der „Wolke" zu und hüpft mit ihm bis zum Ende der Strophe im Paarkreis herum.

Strophe 2: Die beiden „Regentropfen" tanzen wie oben mit 2 neuen Kindern.

Strophe 3: Die 4 „Regentropfen" tanzen wie oben wieder mit neuen Kindern.

Strophe 4: Die „Regentropfen"-Kinder holen wieder neue Kinder.

Strophe 5: Wie oben. Zum Abschluß setzen sich jedoch alle in die Hocke.

HINWEISE: Kleinere Kinder singen immer nur die erste Strophe und dann den Schlußvers.

Es sollte darauf geachtet werden, daß die Kinder in der „Wolke" für die „Regentropfen" gut sichtbar beieinander stehen.

Nach 5 Strophen hüpfen 32 „Regentropfen"-Kinder. Sollten einige noch nicht mittanzen dürfen, wird die letzte Strophe wiederholt und alle hüpfen durcheinander bis zum Schluß (in die Hocke setzen).

Zur Einführung das Ganze im Gehschritt.

Sommertanz

Melodie überliefert
Text und Tanzform: Anneliese Gaß-Tutt

72

5-8

AUFSTELLUNG: Paarweise im großen Kreis, ohne Fassung, einander gegenüber.

SCHRITTART: Gehschritt.

TANZFORM:

Durchgang 1: Die Kinder außen fassen zum großen Kreis, heben die Arme und bilden so Tore.
Die Kinder innen schlüpfen durch die von ihren Partnern gebildeten Tore (siehe Zeichnung 1) bis zu ihrem Ausgangspunkt.
Zum Schluß bei ,,Holleri, hollera" geben sie sich beide Hände, hüpfen im Paarkreis umeinander herum und wechseln dabei den Platz.

Durchgang 2: Rollentausch: das zuvor im Außenkreis gewesene Kind darf jetzt durchschlüpfen.

Durchgang 3: Partnerwechsel nach dem Rollentausch.
Die durchschlüpfenden Kinder wenden sich nach rechts und gehen um das nächste Kind als neuen Partner herum (siehe Zeichnung 2). Anschließend wie Durchgang 1.

Durchgang 4: Rollentausch mit dem neuen Partner. Anschließend wie Durchgang 2.
Nach 2 Durchgängen werden so immer die Partner gewechselt.

HINWEISE: Es sollte darauf geachtet werden, daß die Kinder große Bogen tanzen und nach dem Durchschlüpfen wieder aufrecht gehen.
Der Partnerwechsel kann auch auf Zuruf erfolgen.
Als Variation das Ganze im Kinderhüpfschritt.

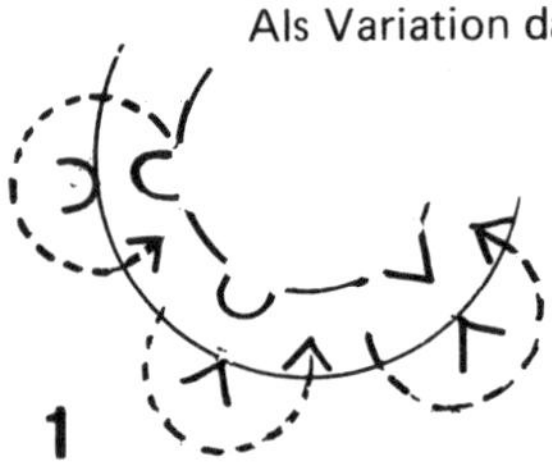

1

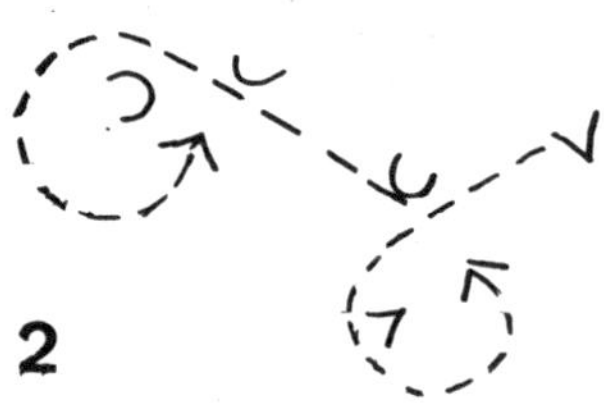

2

Kirmestanz

Nach schwedischer Überlieferung
Übersetzung 1. Strophe: Franz Ganzlandt
Tanzform und Text 2.-4 Strophe: Anneliese Gaß-Tutt

73

6-8 und älter

* Ortsnamen einsetzen.

2. Wir woll'n Schiffschaukel fliegen,
in der Luft uns wiegen
und bleiben bis zum Abend auf der Kirmes.
3. Wir wollen Scooter fahren
und nicht in alten Karren
und bleiben bis zum Abend auf der Kirmes.
4. Wir fahren mit der Achterbahn,
so schnell, wie man nur fahren kann
und bleiben bis zum Abend auf der Kirmes.

AUFSTELLUNG: Die Kinder stehen nebeneinander in Dreiergruppen, untergehakt; die Gruppen sind frei im Raum verteilt.

SCHRITTARTEN: Gehschritt, Laufschritt, Spreizsprung.

TANZFORM:

Strophe 1:

Teil A: Die Dreiergruppen gehen kreuz und quer durch den Raum spazieren. Am Ende der Melodie haben sie eine andere Reihe als Gegenüber gefunden.

Teil B: Jeder faßt das ihm gegenüberstehende Kind (Zweihandfassung) und springt im Spreizsprung abwechselnd mit dem rechten und dem linken Fuß vor (Sprungrhythmus: lang-lang, kurz-kurz-lang).

Teil C: Die Kinder haken mit dem rechten Arm ein und laufen so im Karusell herum.
Danach haken die früheren Reihen (siehe Teil A) wieder ein und spazieren weiter zu einer anderen Gruppe.

Strophe 2:

Teil A: Wie in Strophe 1.

Teil B: Wie in Strophe 1.

Teil C: Die Handfassung bleibt. Die eine Reihe geht in die Hocke. Während sich diese Reihe aufrichtet, hocken sich die anderen nieder („Schiffschaukel").

Strophe 3:

Teil A: Wie in Strophe 1.

Teil B: Wie in Strophe 1.

Teil C: Paar 1 und 3 macht 4 Schritte auf der Stelle. Zugleich läuft das mittlere Paar 4 kleine Schritte in eine Richtung. Während es wieder auf seinen Platz zurückläuft, beginnen gleichzeitig die äußeren Paare denselben Weg die das Mittelpaar. Dann laufen Paar 1 und 3 auf ihren Platz zurück, während Paar 2 nochmals denselben Weg nimmt. Bis es wieder auf seinem Platz ist, gehen Paar 1 und 3 nochmals 4 Schritte auf der Stelle.
Bei der Wiederholung von Teil C beginnen die äußeren Paare. (Das Mittelpaar geht auf der Stelle.) Sonst wie vorher.
(Das Mittelpaar läuft also zuerst 2 Mal hin und her, die äußeren Paare nur einmal. Bei der Wiederholung ist es umgekehrt.)

Strophe 4:

Teil A: Wie in Strophe 1.

Teil B: Wie in Strophe 1.

Teil C: In Zweihandfassung fahren die Paare in der Linie einer Acht umeinander herum, bis alle wieder auf ihrem Platz sind. Paar 1 und Paar 2 (Mitte) beginnen gleichzeitig, Paar 3 etwas später (siehe Zeichnung).

Der Weg der Paare:

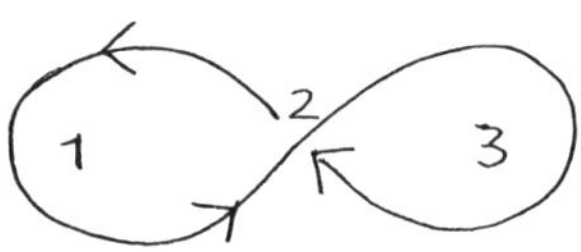

HINWEISE: Alle Tanzformen der verschiedenen Strophen können als Tanz für sich getanzt werden. Sie können aber auch hintereinander getanzt werden. Allerdings sollten die Kinder alle Strophen einzeln tanzen können, ehe sie hintereinander versucht werden.
Ein Zuruf: „Schiffschaukel", „Autoscooter", „Achterbahn", erleichtert das Tanzen der richtigen Strophe.
Allen Strophen ist der Wechsel der Dreiergruppen nach Teil C gemeinsam.
Der Schwierigkeitsgrad der Tanzform nimmt bei jeder Strophe zu.
Bei diesem Tanz können die Kinder das Vorausdenken lernen: Bevor das Ende von Teil A kommt, müssen sie dafür sorgen, daß sie vor einer anderen Dreiergruppe stehen. (Bei mancher Kindergruppe wird das eine Teilübung sein.) Die Gewöhnung an solches Vorausdenken ist für alle Tänze mit wechselnden Figuren wichtig.

Windrädchen

Text, Melodie und Tanzform: Anneliese Gaß-Tutt

74

(4) 5-6

Teil A:

1. Wind, Wind, Pu - ste - wind! Wind, Wind, Pu - ste - wind!
2. Wind, Wind, Sau - se - wind! Wind, Wind, Sau - se - wind!
3. Wind, Wind, Wir - bel - wind! Wind, Wind, Wir - bel - wind!

Teil B:

Pu - ste in die Blät - ter, hei was ist das ein Wet - ter!
Sau - se in die Blät - ter, hei was ist das ein Wet - ter!
Wirb - le in die Blät - ter, hei was ist das ein Wet - ter!

Teil C:

Wind, Wind, Pu - ste - wind! Und mein Räd - chen läuft ge - schwind.
Wind, Wind, Sau - se - wind! Und mein Räd - chen läuft ge - schwind.
Wind, Wind, Wir - bel - wind! Und mein Räd - chen läuft ge - schwind.

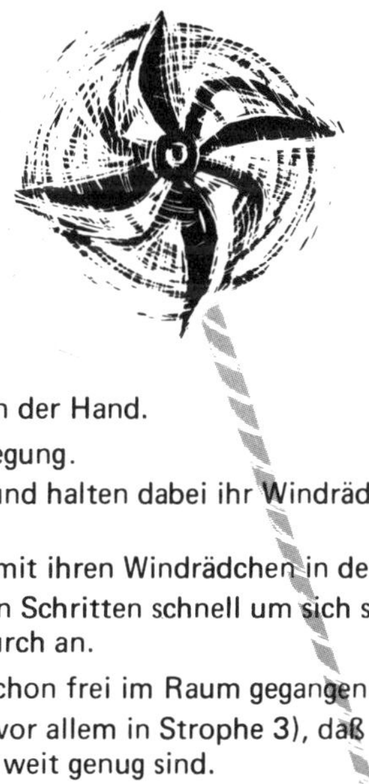

AUFSTELLUNG: Einzeln, frei im Raum.

SCHRITTARTEN: Gehschritt, Laufschritt.

HILFSMITTEL: Jedes Kind hat ein Windrädchen in der Hand.

TANZFORM: Jede Strophe hat ihre eigene Bewegung.

Strophe 1: Die Kinder gehen durcheinander und halten dabei ihr Windrädchen in der Hand.

Strophe 2: Die Kinder laufen durcheinander mit ihren Windrädchen in der Hand.

Strophe 3: Die Kinder drehen sich mit kleinen Schritten schnell um sich selbst und treiben ihr Windrädchen dadurch an.

HINWEISE: Die Kinder sollten als Vorübung schon frei im Raum gegangen sein.
Es muß darauf geachtet werden, (vor allem in Strophe 3), daß die Abstände der Kinder voneinander weit genug sind.

Kinder-Polonaise

Nach der Überlieferung

75 6-1o und älter

Teilnehmerzahl: mindestens 30, höchstens 100 Kinder.

AUFSTELLUNG: Viele Kinder paarweise in einer langen Reihe hintereinander, offene Fassung, Blick in Tanzrichtung.

SCHRITTART: Gehschritt.

TANZFORM:

Figur 1:

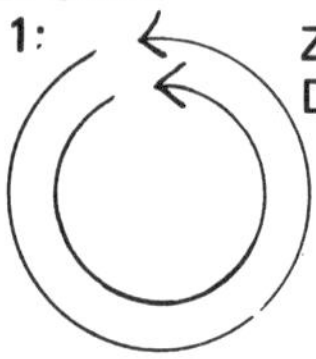

Zum Kreis.
Die Kinder gehen paarweise in Tanzrichtung zum Kreis

Figur 2:

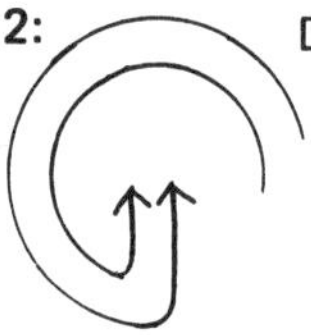

Durch die Mitte.
Paar 1 geht durch die Kreismitte, die anderen folgen

Figur 3:

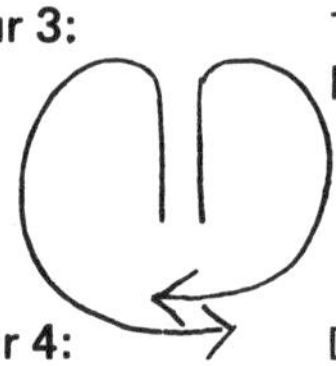

Trennen.
Paar 1 trennt sich und geht wieder, nun in dieser Weise, auf der Kreisbahn.

Figur 4:

Doppelkreis im Gegenzug.
Trifft sich Paar 1 wieder, beginnt der Doppelkreis im Gegenzug
Wird dieser wiederholt sind die Kinder, die in Tanzrichtung gehen, innen, die gegen Tanzrichtung gehen, außen.)

Figur 5;

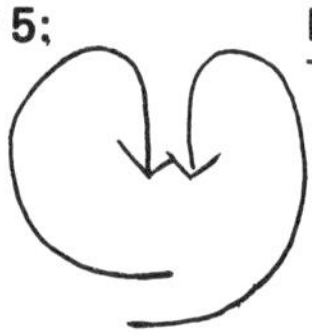

Durch die Mitte.
Trifft sich Paar 1 wieder, gehen sie erneut durch die Mitte.

Figur 6:

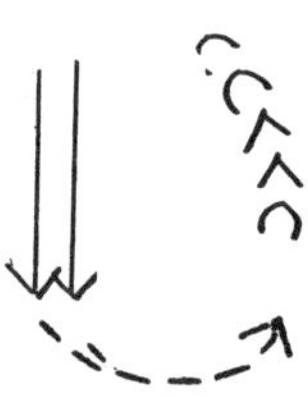

Zur durchgefaßten Reihe.
Die Paare werden beim Ankommen auf der Kreislinie aufgelöst. Die Kinder gehen in einer Reihe mit Blick zur Kreismitte gegen Tanzrichtung und fassen durch

Figur 7: Schnecke hinein und heraus.
Schnell wird zur Schnecke hineingeführt, langsamer wieder heraus

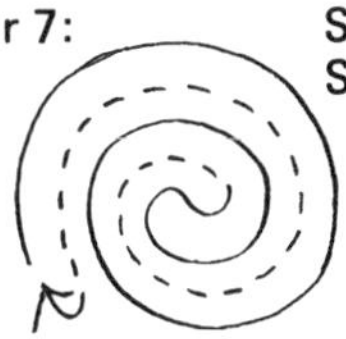

Figur 8: Schnecke mit Hinausschlüpfen.
Wenn alle hineingeführt sind und eng beieinanderstehen sucht sich der Erste (Zuruf: Alles Halt und nicht loslassen!) den Weg unter den gefaßten Händen hindurch.

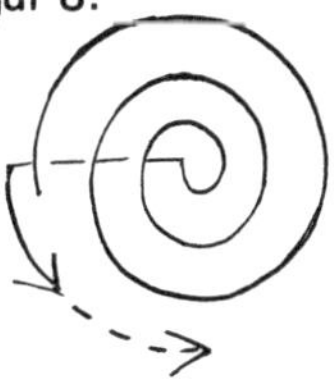

Figur 9: Schlußfigur.
Die herausschlüpfende Reihe wird in Tanzrichtung zum großen, weiten Kreis geführt.

HINWEISE: Die Lieder können aus dem bereits bekannten Liedgut der Kinder gewählt werden (im 2/4 oder 4/4 Takt). Besondere Gesichtspunkte: die jeweilige Jahreszeit, der Anlaß des Tanzens usw.
Die Liedstrophen werden ohne Beachtung der Figuren weitergesungen. (Die Kinder singen jedoch z.B. gern „Schneck im Haus" bei der entsprechenden Figur).

Es ist gut, wenn ein Erwachsener die Kinder-Polonaise anführt, da die Figuren einen guten Raumsinn und Überblick verlangen.

Die Größe der Tanzfläche bestimmt die mögliche Teilnehmerzahl.
Die Größe der Figuren richtet sich nach der Zahl der Kinder, nicht nach dem vorhandenen Raum.

Die Übergängen von Figur 5 zu 6 und 8 zu 9 müssen besonders geübt werden.
Andere Abschlüsse sind möglich, sollten aber je nach Situation vorüberlegt werden.

Die Figurenfolge kann gekürzt werden:
Möglichkeit 1: In Figur 6 werden die Paare beim Ankommen auf der Kreisbahn aufgelöst. Die Kinder gehen dann in der Reihe mit Blick zur Mitte in Tanzrichtung und schließen den Kreis zum Schlußkreis. (Die Figuren 7-9 fallen dann weg.)
Möglichkeit 2: Nach der „Schnecke hinein und heraus" wird sofort im Anschluß zum Schlußkreis (in Tanzrichtung) geführt. (Die Figur 8 fällt dann weg.)

Wird die Kinder-Polonaise als Eröffnung eines Festes getanzt, kann zum Schluß gesungen werden:

Kleiner Laternentanz

Nach mündlicher Überlieferung
Tanzform: Anneliese Gaß-Tutt

Laternenlied 1:

76

(4) 5-6

Laternenlied 2:

Nach der Überlieferung

76 a

Laternenlied 3: *Auch zum Schlußkreis oder beim Nachhausegehn*

Nach der Überlieferung

76 b

AUFSTELLUNG: Kreis (mit etwas weiterem Abstand voneinander als gewöhnlich), ohne Fassung, Blick zur Mitte. Jedes Kind hat seine brennende Laterne in der Hand.

SCHRITTART: Gehschritt.

TANZFORM:

Anfangs-Kreis: Die Kinder singen stehend und schauen sich dabei die vielen leuchtenden Laternen an.

Figur 1: Alle Kinder gehen im großen Kreis (alle in oder alle gegen Tanzrichtung) bis das im Augenblick gesungene Lied zu Ende ist.

Danach stehen alle mit Blick zur Mitte.

Figur 2: Auf Zuruf beginnen 2 Kinder mit ihren Laternen durch die Kreismitte zu gehen. Die andern folgen den Beiden (siehe Zeichnung 1). Auf der Gegenseite biegen sie auf die Kreisbahn ab und gehen im grossen Kreis. Die beiden Reihen ziehen aneinander vorbei (zweimal), bis wieder ein Kreis entsteht (siehe Zeichnung 2 + 3).

Schluß-Kreis: Alle singen stehend im Kreis, zeigen ihre Laterne und halten sie dabei hoch.

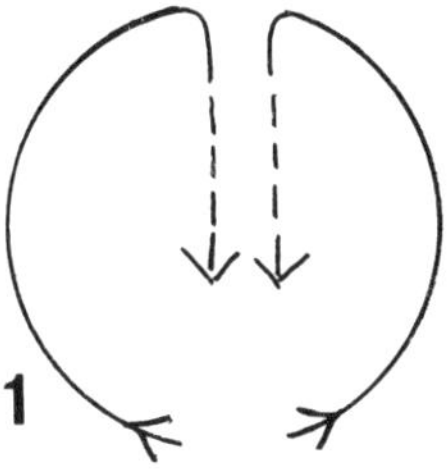
1

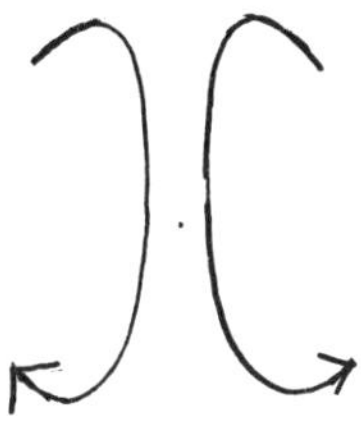
2

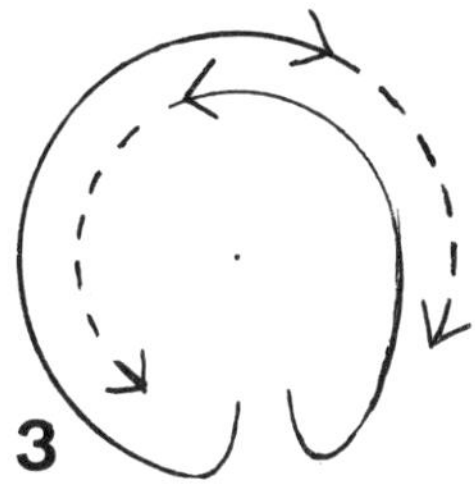
3

HINWEISE: Diese einfache Tanzform ist für Kinder dieses Alters schwieriger als sie erscheint. Denn: die Kinder tun verschiedene Dinge zu gleicher Zeit (Gehen im ungewohnten Dunkeln, Tragen ihrer Laterne, Schauen und Singen).

Die Figuren können wiederholt werden. Bei jeder Wiederholung von Figur 2 beginnen andere Kinder, denen dann die andern nachziehen (Spannungsmoment!)

Die Figuren sollten zuvor ohne Laternen geübt werden, ebenso das Gehen im weiten Abstand.

Es ist gut, wenn bei den Figuren 1-3 Erwachsene die beiden anführenden Kinder begleiten. Gehen Mütter und Kinder im Laternenzug, stehen die Erwachsenen beim „Kleinen Laternentanz" hinter ihrem Kind und gehen die Figuren neben ihrem Kind mit.

Zwischen den einzelnen Figuren hat es sich bewährt, wieder ruhig singend und schauend im Kreis mit Blick zur Mitte zu stehen. (Ist das Lied nicht mit der Figur 3 zu Ende, wird es im Stehen bis zum Schluß gesungen.)

Nach dem Schluß-Kreis gehen alle im Laternenzug weiter durch die Straßen oder nach Hause.

Die aufgezeichneten Lieder sind Vorschläge.

Vorsicht mit brennendem Licht!

Teilnehmerzahl: mindestens 20, höchstens 40 Kinder.

Großer Laternentanz

Nach der Überlieferung

Melodie und Text: Horst Weber
(Ein- und mehrstimmig zu singen.)

77

6-1o
und älter

2. Ich trag meine feine Laterne ganz ruhig vor mir her;
ich hab sie ja so gerne, sie wird mir nicht zu schwer. Laternenlicht.....

Melodie und Text: Horst Weber
(Ein- und mehrstimmig zu singen.)

77a

2. Laternchen, Laternchen, laß leuchten dein Licht.
Mond und Sterne ärgern sich nicht.
Leuchte wie ein Sternchen, scheine, mein Laternchen.

(zum Schlußkreis oder beim Nachhausegehen)

Text: Lieselotte Holzmeister
Kanon zu 2: Richard Rudolf Klein
(auch 1 stg. zu singen)

77 b

AUFSTELLUNG: Viele Kinder paarweise im großen Kreis, ohne Fassung, Blick in Tanzrichtung. Jedes Kind hat seine brennende Laterne in der Hand.

SCHRITTART: Gehschritt.

TANZFORM:

Figur 1: Im Kreis.
Die Kinder gehen paarweise in Tanzrichtung auf der Kreisbahn (siehe Zeichnung 1).

Figur 2: Durch die Mitte.
Paar 1 geht durch die Kreismitte, die anderen folgen (siehe Zeichnung 2).

Figur 3: Trennen.
Paar 1 trennt sich und geht wieder, nun in dieser Form, auf der Kreisbahn (siehe Zeichnung 3).

Figur 4: Doppelkreis im Gegenzug.
Trifft sich Paar 1 wieder beginnt der Doppelkreis im Gegenzug (siehe Zeichnung 3). Wird der Doppelkreis wiederholt, sind die Kinder, die in Tanzrichtung gehen, innen, die gegen Tanzrichtung gehen, außen.

Figur 5: Durch die Mitte.
Trifft sich Paar 1 wieder auf dem Kreis, gehen sie erneut paarweise durch die Mitte (siehe Zeichnung 4).

Figur 6: Zur Reihe hintereinander.
Die Paare werden beim Ankommen auf der Kreisbahn aufgelöst. Die Kinder gehen in der Reihe hintereinander (siehe Zeichnung 5).

Figur 7: Im großen Kreis.
Alle gehen auf der großen Kreisbahn in Tanzrichtung.

Figur 8: Der lange Weg.
Ist der Kreis geschlossen, werden die Kinder auf den langen Weg geführt (siehe Zeichnung 6).

Figur 9: Im großen Schlußkreis.
Danach gehen die Kinder wieder zum großen Kreis zurück. Gehen alle auf der Kreisbahn, drehen sie sich zur Kreismitte und singen das Lied zu Ende.

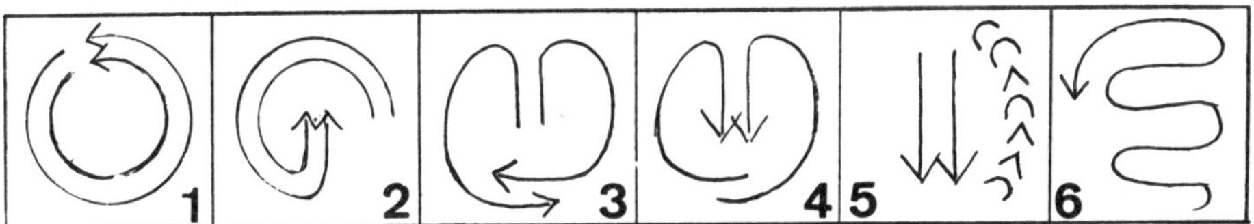

HINWEISE: Es ist gut, wenn ein Erwachsener den Großen Laternentanz anführt, da die Figuren einen guten Raumsinn und Übersicht verlangen.

Die Größe der Tanzfläche bestimmt die mögliche Teilnehmerzahl. Die Größe der Figuren richtet sich nach der Zahl der Kinder, nicht nach dem vorhandenen Raum. Die Liedstrophen werden ohne Beachtung der Figuren weiter gesungen.

Der „Große Kreis" (Figur 7) kann bei Verkürzung des Tanzes zum Schlußkreis werden.

Der Übergang von Teil 5 zu Teil 6 muß besonders geübt werden, ebenso das Gehen im weiten Abstand voneinander.

Vorsicht mit brennendem Licht! Teilnehmerzahl: mindestens 30, höchstens 80 Kinder.

S c h n e e f l o c k e n t a n z Bearbeitet nach der Überlieferung

78

4-5 (6)

AUFSTELLUNG:	Einzeln, frei im Raum.
SCHRITTARTEN:	Gehschritt, Laufschritt, Kinderhüpfschritt.
TANZFORM:	Jede Strophe hat ihre eigene Bewegung.
Strophe 1:	Die Kinder gehen durcheinander. (Die Flocken fallen leicht und leise auf die Erde.) Am Ende der Strophe setzen sich alle in die Hocke.
Strophe 2:	Die Kinder laufen durcheinander. (Der Wind treibt die Flocken an.) Am Ende der Strophe setzen sich alle in die Hocke.
Strophe 3:	Die Kinder hüpfen durcheinander. (Der Wind wirbelt die Flocken lustig herum.) Am Ende der Strophe setzen sich alle in die Hocke.
HINWEISE:	Die Bewegungen zum unterschiedlichen Schneefall sind nur die eine Übung in diesem Tanz. Schwieriger ist es, nicht zusammenzustoßen. Schwierig auch,die Zeitdauer richtig einzuschätzen und ohne unterstützendes Wort (wie z.B. bei „Ringel Ringel Reihe") rechtzeitig in die Hocke zu gehen.

Im Rummelsack

Melodie nach der Überlieferung
Text und Tanzform: Cläre Fassbender

79

6-8

AUFSTELLUNG:	Kreis, Blick zur Mitte, durchgefaßt.	
SCHRITTARTEN:	Stampfschritt, Laufschritt, Nachstellschritt, Gehschritt.	
TANZFORM:		
Teil A:	Takt 1-2:	Mit 4 langsamen, abgesetzten Stampfschritten zur Mitte.
	Takt 3-4:	Mit 8 kleinen Laufschritten zurück zum Platz.
	Takt 1-4:	Wiederholen.
Teil B:	Takt 5:	Der Kreis bewegt sich mit 2 Nachstellschritten gegen Tanzrichtung ↻, danach Fassung lösen.
	Takt 6:	Mit 4 Schritten und einer halben Linksdrehung wendet sich jeder nach außen, Blick nach außen, Kreis durchfassen.
	Takt 7:	Mit 2 Nachstellschritten in Tanzrichtung ↺, danach Fassung lösen.
	Takt 8:	Mit 4 Schritten und einer halben Linksdrehung nach innen wenden und wieder fassen.
HINWEISE:	Vereinfachte Form:	
Teil B:	Takt 5-6:	Alle machen 4 Nachstellschritte gegen Tanzrichtung ↻.
	Takt 7-8:	Mit 8 Schritten und einer ganzen Linksdrehung ↺ herum und wieder durchfassen.

Dieser Tanz bekommt ein Spannungsmoment durch veränderte Lautstärke beim Singen von Teil B. Bei jeder Wiederholung sollte er leiser werden (laut-mittel-leise gesungen-, Flüstern ohne Melodie – zuletzt nur noch stumm die Schrittfolge ausführen). Der A-Teil wird immer kraftig angestimmt.

Dieser Tanz ist als Abschluß eines Festes oder eines schönen Tages gedacht.

Vortanzen zum Zuschauen

Kinder - Zirkus

Text nach der Überlieferung · Melodie: Hans Kemper
Tanzform: Anneliese Gaß-Tutt

80

4-8
und älter

SCHRITTART: Gehschritt

TANZFORM 1: (für eine Aufführung in der Mitte des Zuschauerraumes).

Teil A:

Takt 1-8: 2 Gruppen von je 4-5 Kindern kommen singend von den beiden Seiten herein und stellen sich in der Diagonale auf (s. Zeichnung) und zeigen ansagend mit der rechten Hand („Seht einmal!")

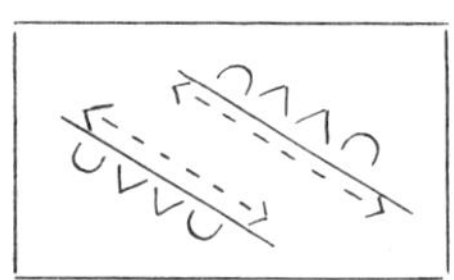

Takt 9-16: Die Kinder stehen, singen und zeigen wieder an.

Teil B: Alle (oder ein Kind allein) singen die erste (die weiteren) Nummer(n) an, alle singen den Schluß.
Das Hinausgehen geschieht auf dem gleichen Wege zu den ersten Takten der folgenden Nummer.

TANZFORM 2: (für eine Aufführung auf der Bühne.)

Teil A:

Takt 1-8: 2 Gruppen von je 4-5 Kindern kommen von hinten paarweise durch die Mitte und stellen sich zur Reihe (s. Zeichnung)

Takt 9-16: wie oben

Teil B: wie oben.
Das Hinausgehen geschieht zur Seite hinaus auf die ersten Takte der folgenden Nummer.

Schluß: Umzug aller „Zirkusleute" im großen Kreis (einzeln, paarweise, in losen Gruppen).

HINWEISE: Dieses Rahmenlied gibt in den einzelnen dazwischenliegenden Zirkusdarbietungen die Möglichkeit, alle Kinder jeder Altersstufe und je nach ihren Fähigkeiten mitmachen zu lassen. Als einzelne Zirkusnummern läßt sich zuvor schon Geübtes einbauen.

Als Gruppentanz-Beispiele: „Die Riesenschlange", „Die kleine Schlange", „Ich bin ein kleiner Esel", „Widewidewitt", „Ha ha ha", ein Klatschtanz, „Kochlöffeltanz", „Rasseltanz" usw.

Triangel, Schellen, Klangstäbchen, Trommeln usw. können je nach Art der Darbietungen miteingesetzt werden.

Das Ausschmücken mit Plakaten und anderen Utensilien (evt. auch einfachste Kostüme) können sehr wirkungsvoll sein.

Hei, Schabernack!

Text, Melodie und Tanzform: Anneliese Gaß-Tutt

Teil A: (Einleitung, Kehrreim und Schluß)

81

6-8 und älter

Teil B:

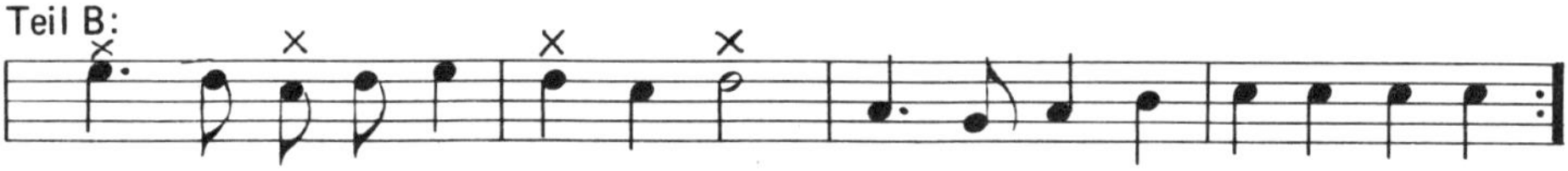

Teil C: (Tamburin oder Trommel)

AUFSTELLUNG: Kreis, ohne Fassung, Blick zur Mitte.

SCHRITTARTEN: Kinderhüpfschritt, Gehschritt, Stampfschritt.

TANZFORM:

Strophe 1

Teil A: Takt 1- 8: Die Kinder wenden sich in Tanzrichtung und tanzen im Kinderhüpfschritt (die Kniee werden dabei etwas hochgezogen) auf der Kreisbahn. Zum Schluß (bei „Schabernack") wenden sie sich zur Kreismitte.

Teil B: Takt 9: Sie patschen zuerst mit beiden Händen auf die Kniee, dann klatschen sie in die Hände (jeweils bei X).

Takt 10: Wieder auf die Kniee patschen und in die Hände klatschen, aber diesmal über dem Kopf.

Takt 11-12: Mit hochbehaltenen, geöffneten Händen und 4 Gehschritten auf dem eigenen Platz um sich selbst drehen.

Takt 13-16: Wie Takt 9-12.

Teil C: „Backenmusik"

Die Kinder blasen ihre Backen auf, schlagen leicht dagegen und lassen prustend und möglichst laut die Luft heraus.

Takt 17: Zuerst auf die rechte, dann auf die linke Backe schlagen.

Takt 18: mit 3 Stampfschritten halb herumgehen, sodaß sie alle nach außen schauen.

Takt 19: wie Takt 17.

Takt 20: wieder mit 3 Stampfschritten halb herumgehen, sodaß sie wieder nach innen schauen.

Takt 21-24: wie Takt 17-20.

Strophe 2

Teil A: wie in Strophe 1.

Teil B: wie in Strophe 1.

Teil C: „Lange Nase" : abwechselnd „Bäh" rufen und eine lange Nase machen.

Strophe 3

Teil A: wie in Strophe 1.

Teil B: wie in Strophe 1.

Teil C: „Fratze" : abwechselnd (mit vorgebeugtem Oberkörper und eingestützen Händen) die Zunge herausstrecken und eine Fratze schneiden (mit den Händen die Ohren fassen und nach außen ziehen).

Als Abschluß wird nochmals Teil A getanzt.

HINWEISE: Die Kinder sollten die sonst nicht so gerne gesehenen und gehörten Gesten und Laute voll ausspielen dürfen.
Die Begleitung durch das Tamburin (die Trommel) darf nicht zu laut und nicht zu leise, sondern eben hörbar sein.

O Leiermann, o Leiermann

Nach mündlicher Überlieferung
Melodie: Anneliese Gaß-Tutt

82

5-8 und älter

Teil A:

Teil B: Leiermann:

Teil C: Strophe 1 Gehen

Teil C: Strophe 2 Hüpfen

Teil C: Strophe 3 Galopp

AUFSTELLUNG: Ein einzelner Junge, alle andern Kinder (paarweise, ohne Fassung) um ihn herum.

SCHRITTARTEN: Gehschritt, Kinderhüpfschritt, Galoppschritt (seitwärts).

TANZFORM:

Strophe 1:	Teil A:	Die Kinder stehen um den „Leiermann" herum, bestaunen ihn und bitten um Musik.
	Teil B:	Einige Kinder holen aus ihren Taschen ein paar Pfennige und werfen sie hörbar in den Blechtopf.
	D	Dann bilden alle eine lange Reihe.
	Teil C:	Der „Leiermann" dreht seine Orgel. Alle gehen in Tanzrichtung ↺ um den „Leiermann" herum.
Strophe 2:	Teil A:	wie oben.
	Teil B:	wie oben, doch stellen sich die Kinder paarweise zum Kreis.
	Teil C:	Alle hüpfen im Paarkreis in Tanzrichtung ↺.
Strophe 3:	Teil A:	wie oben.
	Teil B:	wie oben, doch stellen sich alle zum großen Kreis, durchgefaßt.
	Teil C:	Alle tanzen mit Galoppschritten (seitwärts) auf der Kreisbahn in Tanzrichtung ↺.

HINWEISE: Der „Leiermann" sollte als einziges Kind originell verkleidet sein (z.B. ein Schulranzen vorne vorgehängt ergibt mit einem übergehängten Tuch den Leierkasten).
Der Kreis in Strophe 3 ist, mit Seitgaloppschritten getanzt, manchmal zu schwer, dann hüpfen die Kinder in Kinderhüpfschritten.
Die Leierkastenmusik kann je nach Möglichkeiten wiedergegeben werden. Am Besten ist es von einem Kinderorchester oder einer Tonbandaufnahme.

Omnibusfahrt

Bearbeitet nach der Überlieferung
Melodie: Anneliese Gaß-Tutt

83

(4) 5-7

2. Ein dicker Mann kommt angerannt,
er schnauft und prustet sehr.
Den Koffer schleppt er in der Hand,
er ist ganz voll und schwer.
Hei, wir fahren.....

3. Eine feine Dame kommt daher
mit ihrem neuen Hut.
Sie war auch heut schon beim Frisör –
wie steht ihr alles gut.
Hei, wir fahren.....

4. Die gute Oma steigt jetzt ein
mit ihr der kleine Hans.
Der Opa kommt gleich hinterdrein
mit seinem großen Franz.
Hei, wir fahren.....

5. Der Polizist möcht auch noch mit,
er fährt nach Hause nun.
Der Straßenkehrer Heiner Pitt
kann sich jetzt mal ausruhn.
Hei, wir fahren.....

6. Der Schneider mit der großen Scher,
möcht auch noch gerne mit.
Der Bäcker kommt gleich hinterher,
bringt eine Brezel mit.
Hei, wir fahren.....

7. Als Letzter kommt der Onkel Fritz,
er läuft und schwitzt wie toll.
Es wackelt seine blaue Mütz,
der Omnibus ist voll.
Hei, wir fahren.....

8. Der Omnibus der fährt jetzt los,
man hört der Hupe Ton.
Da drinnen sitzt es sich famos,
die Räder rollen schon.
Hei, wir fahren.....

9. Töff-töff-töff-töff, fidirallalla,
er fährt so schnell er kann,
töff-töff-töff-töff, nun sind wir da,
der Omnibus hält an.
Ja, die Fahrt ist aus.....

10. Die Leute steigen alle aus,
doch immer nach der Reih',
dann gehen sie vergnügt nach Haus,
die Fahrt ist nun vorbei.
Ja, die Fahrt ist aus.....

AUFSTELLUNG: Kreis, Blick zur Mitte, durchgefaßt.
Die Spieler außerhalb des Kreises.

SCHRITTARTEN: Gehschritt, Laufschritt.

TANZFORM:

Strophe 1-7:

Teil A: Die Kinder des Kreises singen stehend, während die Einzelspieler dem Text entsprechend hereinkommen und ihre Rolle darstellen (z.B. der Busfahrer deutet das Steuern mit den Händen an).

Teil B: Die Kinder des Kreises gehen gegen Tanzrichtung herum. Der „Omnibus" in der Mitte fährt in kleinen Laufschritten in Tanzrichtung herum.
Die Einzelspieler hängen sich nacheinander an, die linke Hand auf der rechten Schulterdes Vordermanns, in der rechten Hand tragen sie ihr Requisit.

Strophe 8

Teil A: Der „Omnibus" fährt langsam an und weiter.

Teil B: wie oben.

Strophe 9

Teil A: Die Kinder im Kreis stehen, der „Omnibus" fährt im Kreis herum und hält gegen Ende des Teils an.

Teil B: Die Kinder im Kreis gehen gegen Tanzrichtung herum, der „Omnibus" steht.

Strophe 10

Teil A: Die Kinder im Kreis stehen, die „Leute" steigen aus und stellen sich an verschiedenen Stellen in den Kreis.

Teil B: Alle gehen im Kreis gegen Tanzrichtung.

HINWEISE: Bei diesem Tanz sind die Rollen die Hauptsache. Jeder Einzelspieler ist besonders kenntlich gemacht:
Der Busfahrer mit Schirmmütze,
der dicke Mann mit Koffer,
die feine Dame mit Hut,
die Oma mit Pelzkragen oder Kopftuch,
der Opa mit langem Bart und Handstock,
der Polizist mit Kelle,
der Straßenkehrer mit Besen,
der Schneider mit großer Pappschere,
der Bäcker mit Bäckermütze und Brezel,
Onkel Fritz mit Wollmütze.

Die Rollen sind leicht zu spielen, sodaß man auch zurückhaltende Kinder in einer Rolle einsetzen kann.

Will man diesen Tanz als reine Vorführung auf einer Bühne machen, so empfiehlt es sich, den Kreis zum Halbkreis zu öffnen, der dann steht.
Auch eine Choraufstellung ist möglich.

K o c h l ö f f e l t a n z

Nach der Überlieferung
Text + Bearbeitung: Ilse Tutt

84
7-8
und älter

1. Schaut mal her, was ich schon kann! Ei - nen Kuchen rühr ich an,

Mit dem Löf - fel rühr ich lu - stig im - mer rund und im - mer rum.

2. Schaut mal her, was ich schon kann!
Gleich fang ich zu schlecken an.
An dem Löffel schleck ich lustig
immer rund und immer rum.

3. Schaut mal her, was ich schon kann!
Gleich fang ich zu tanzen an.
Mit dem Löffel tanz ich lustig
immer rund und immer rum.

AUFSTELLUNG: 1 Reihe Mädchen, eine Reihe Jungen stehen sich in der Gasse im Abstand von etwa 3 Schritten gegenüber. Die Kinder haben die linken Hände in die Hüfte gestützt. In der rechten Hand hält jedes Kind einen hölzernen Kochlöffel.

SCHRITTARTEN: Gehschritt, Kinderhüpfschritt.

TANZFORM:

Strophe 1

Teil A:	Takt 1:	Drehen um sich selbst links herum in 4 Schritten ↺.
	Takt 2:	3 mal mit dem Kochlöffel drohen.
	Takt 3 + 4:	Drehen um sich selbst rechts ↻, sonst wie Takt 1-2.
	Takt 1-4:	Wiederholen.
Teil B:	Takt 5-7:	Rührbewegung machen mit dem rechten Arm, mit dem linken Rührschüssel andeuten.
	Takt 8:	3 mal mit dem Kochlöffel drohen.
	Takt 5-8:	wiederholen.

Strophe 2

Teil A: Takt 1-4: wie bei Strophe 1; anstelle des Drohens in Takt 2 und 4 schlagen die gegenüberstehenden Kinder je 3 mal mit den Kochlöffeln zusammen.

Takt 1-4: wiederholen.

Teil B: Takt 5-7: Die Löffel werden mit sichtbarem Genuß abgeschleckt.

Takt 8: 3 mal die Löffel zusammenschlagen.

Takt 5-8: wiederholen.

Strophe 3

Teil A: Takt 1: Alle stecken, während sie auf der Stelle hüpfen, denıal Kochlöffel 2mal unten dem hochgezogenen Knie durch (erst von rechts nach links,dann von links nach rechts).

Takt 2: 3 mal mit dem Löffel drohen.

Takt 3: wie Takt 1

Takt 4: wie Takt 2

Takt 1-4: Wiederholen

Teil B: Takt 5-8: Die gegenüberstehenden Partner haken mit dem linken Arm ein und laufen umeinander, der rechte Arm mit dem Kochlöffel schräg nach oben gestreckt.

Takt 5-8: Wiederholen, jedoch loslassen, mit rechtem Arm einhaken, Löffel in die andere Hand nehmen, umeinander herumlaufen, der Löffel wird mit dem linken Arm nach oben gestreckt.

HINWEISE: Dieser Tanz ist in der Fülle der Bewegungsabläufe schwieriger als andere Tänze dieser Sammlung. Die Mühe des Einübens mit einigen geschickten Kindern wird durch methodisches Aufgliedern in Übungsabschnitte erleichtert. Die gestischen und mimischen Möglichkeiten des Tanzes sind leicht zu erkennen und zu gestalten.

Als einfache Form des Kochlöffeltanzes kann entweder die 3. Strophe getanzt werden, oder noch einfacher: für alle Teil A aus Strophe 1, Teil B aus Strophe 3.

Zu Strophe 2: Die Abstände zwischen den Reihen müssen bei Teil A während des Drehens so weit verringert werden, daß sich die Kochlöffel zum Zusammenschlagen erreichen. Achtung: eine Reihe hält beim Zusammenschlagen den Kochlöffel still, die andere schlägt dagegen.

Kostüme lassen sich andeuten durch vorgesteckte karierte Küchentücher. Den Buben kann man Kochmützen aufsetzen, den Mädchen Servierhäubchen.

Soll der Tanz auf einer Bühne getanzt werden muß man die Reihe auseinanderziehen:

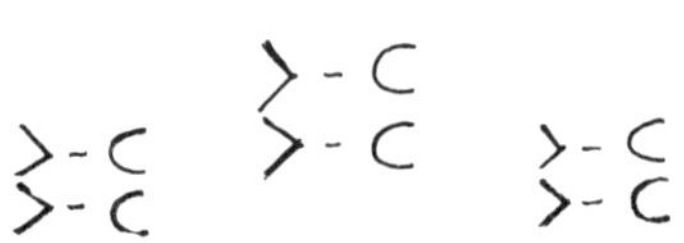

Hier sei wiederholt, daß Tänze zum Vorführen als Ausnahme angesehen werden sollten. Tanzende Kinder wirken durch ihre naive Unbefangenheit mit dem einfachsten Kindertanz auf die zuschauenden Eltern, sodaß Vorführtänze wie der Kochlöffeltanz wirklich Ausnahme bleiben sollten.

Mädchen, darf ich mit dir gehn

Aus Holland Text: Lieselotte Holzmeister
Melodie: Heinz Lemmermann
Tanzform: Anneliese Gaß-Tutt

85

7-8 und älter

2. „Was schert uns die Mode heut', wir sind doch lauter lust'ge Leut'!"
„Ja, mein Herr, so tanzen wir. Tanzen macht uns viel Pläsier!"

AUFSTELLUNG:		Paarweise im Kreis, die Jungen innen, die Mädchen außen; ohne Fassung, Blick zueinander.
SCHRITTARTEN:		Kinderhüpfschritt, Gehschritt.
TANZFORM:		
Strophe 1:		
Teil A:	Takt 1- 4:	Die Jungen hüpfen um die Mädchen herum und wieder auf den Platz zurück.
	Takt 5- 8:	Die Mädchen hüpfen gegengleich.
Teil B:	Takt 9-12:	Beide Hacke rechts und Hacke links, danach mit 4 Schritten einen kleinen Kreis auf dem Platz um sich selbst.
	Takt 13-16:	Beide Hacke rechts und Hacke links, danach mit 4 Schritten zum nächsten Partner (nach rechts weiter).
Strophe 2:		
Teil A:		wie oben.
Teil B:	Takt 9-12:	Beide Hacke rechts und Hacke links, danach in Zweihandfassung 4 Galoppschritte in Tanzrichtung.
	Takt 13-16:	wie 9-12 (oder: dasselbe, aber gegen Tanzrichtung).
HINWEIS:		Dieser Tanz ist für geschickte Kinder.

Fritz, Fratz, Friederich

Nach der Überlieferung
Tanzform: Anneliese Gaß-Tutt

86

Teil A:

6-8

Fritz, Fratz, Frie - de -rich, wa - rum bist du so lie - der - lich? Ich

Teil B:

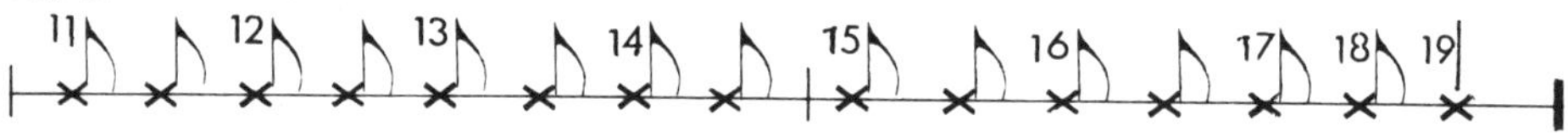

bin ja gar nicht lie - der - lich, ich heiß bloß Fritz, Fratz, Frie - de - rich.

AUFSTELLUNG: Paarweise, Blick zueinander, ohne Fassung, im Raum verteilt.

TANZFORM:

Teil A:
- bei 1: Eigene Hände auf die Oberschenkel klatschen,
- bei 2: eigene Hände zusammenklatschen,
- bei 3: rechte Hände gegeneinander klatschen,
- bei 4: linke Hände gegeneinander klatschen,
- bei 5: beide Hände gegeneinander klatschen,
- 6 - 10: wie bei 1 - 5.

Teil B:
- bei 11-14: in die eigenen Hände klatschen (4 mal) und dabei einmal um sich selbst auf dem Platz drehen.
- bei 15-19: wie bei 1 - 5.

HINWEIS: Diese Form kann auch auf die Bank oder gegen die Wand gemacht werden.

Eine kleine Dickmadam

Nach der Überlieferung
Tanzform: Anneliese Gaß-Tutt

87

4-5

AUFSTELLUNG: Nach Wahl paarweise im Raum verteilt, im Kreis oder in der Reihe, ohne Fassung.

TANZFORM: Die Kinder klatschen immer im Sprechrhythmus:

Takt 1: eigene Hände
beide Hände gegeneinander
beides wiederholen.
Takt 2: 3 mal in die eigenen Hände
Takt 3 + 4: Wiederholung von Takt 1 + 2.
Takt 5: 4 mal in die eigenen Hände
Takt 6: 2 mal beide Hände gegeneinander
Takt 7: wie Takt 5
Takt 8: rechts und links stampfen.

HINWEIS: Kann auch auf den Tisch, alleine (Klatschen auf die Oberschenkel oder im Sitzen auf die Kniee), oder gegen eine Wand gemacht werden.

In meiner Stube

Nach der Überlieferung

88

6-8

2. Muß fast erfrieren vor lauter ... Wind.
3. Ich hab' kein Hemdchen, du keine ... Strümpf.
4. Ich nehm' den Bettelsack und du den ... Ranzen.

AUFSTELLUNG: Paarweise voreinander, ohne Fassung, im Raum verteilt.

TANZFORM: Die Kinder stehen sich paarweise gegenüber und klatschen:

bei 1: eigene Kniee
bei 2: auf die Brust
bei 3: eigene Hände
bei 4: gegenseitig rechte Hände
bei 5: gegenseitig linke Hände
bei 6: gegenseitig beide Hände
bei 7: eigene Kniee
bei 8: auf die Brust
bei 9: eigene Hände
bei 10: gegenseitig beide Hände.

HINWEISE: Dieser Klatschtanz läßt sich ohne weiteres auch im (Klassen-) Zimmer paarweise (mit dem Nebensitzer) machen.
Als Variation alleine vor sich auf den Tisch.

Der vollständige Text lautet im Original:

En meiner Stuba do goht der . . . Wend.
Muß schier verfriera vor lauter . . . Wend.
I han koi Hemmedle ond du koi . . . Strümpf.
Du bischt mei Spielma ond ich dei . . . Tanzer.
Du bischt a halber Narr ond ich a . . . Ganzer.

Trommel-Spaß

Bearbeitet nach schweizerischer Überlieferung

89

4-6 (7)

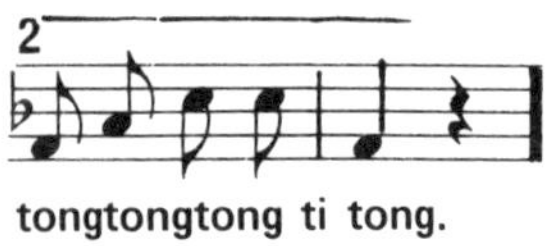

2. : Räbete, räbete, pa ta pat, pa pa pa ta pat. :
3. : Räbete, räbete, bum rummel bum, bum rummel bummel bum. :

AUFSTELLUNG: Die Kinder sitzen auf ihrem Platz vor dem Tisch (der Bank).

TANZFORM:

Strophe 1: Die Kinder singen leise und trommeln nur mit den sich locker bewegenden Fingern auf die Tisch- (Bank-) Fläche.

Strophe 2: Die Kinder singen und trommeln (patschen) mit den flachen Händen auf den Tisch (die Bank).

Strophe 3: Die Kinder singen und trommeln mit den Fäusten. (Dabei können sie „bum . . ." im Singen und Trommeln betonen.)

HINWEISE: Die Kinder sollen zuerst ganz frei trommeln dürfen. Langsam passen sie dies dem Liedrhythmus an. Erst später werden sie im Taktschlag trommeln.
Andere Silben und dazu passende Bewegungen (z.B. klatschen, stampfen usw.) können selbst gefunden werden.

Nachbars Kinder

Auf der Brück' von Avignon — Nach französischer Überlieferung

90

4-7

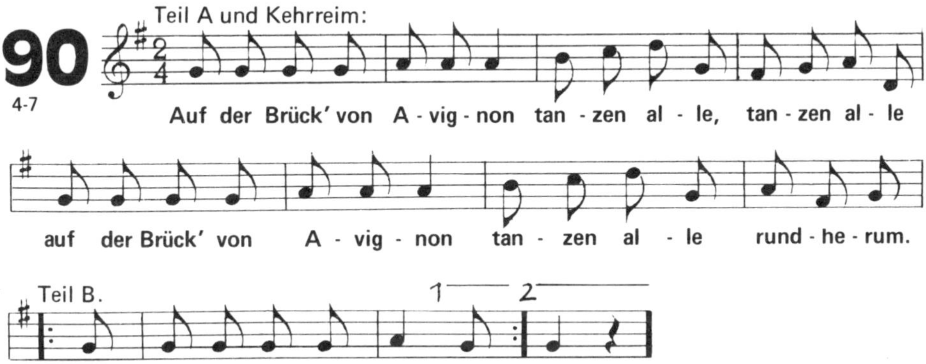

1. Zu - erst die schö - nen Da - men . - men.
2. Und dann die fei - nen Her - ren . - ren.
3. Und dann die vie - len Kin - der . - der.
4. Und dann die ..... usw.

Sur le pont d'Avignon l'on y danse, l'on y danse
sur le pont d'Avignon l'on y danse tout en rond.

1. *Les beaux messieurs font comme ci et puis encore comme ca.*
2. *Les belles dames font.....*
3. *Et les soldats.....*
4. *Les cordonniers.....*
5. *Les blanchisseurs.....*
6. *Les musiciens.....*

AUFSTELLUNG: Kreis, Blick zur Mitte, durchgefaßt.

SCHRITTART: Gehschritt.

TANZFORM:

Teil A und Kehrreim: Gehen im großen Kreis.

Teil B: Die einzelnen Personen werden durch eine charakteristische Bewegung nachgeahmt (z.B. bei den „Damen" eine tiefe Verbeugung, bei den „Herren" wird elegant der Hut gezogen usw.)

HINWEISE: Wer die Tanzform erschweren will, wiederholt bei jeder neuen Strophe in Teil B die schon gesungenen Strophen mit den Bewegungen und fügt die neue Strophe jeweils auf Ansage hinzu.

Unser Onkel hat 'nen Bauernhof

Nach englischer Überlieferung
Deutscher Text: Richard Rudolf Klein
Tanzform: Anneliese Gaß-Tutt

91

4-6 (7)

Teil A:

1. Un - ser On - kel hat 'nen Bau - ern-hof, hei - a hei - a, ho.
Und da lau - fen ein paar Hüh - ner rum, hei - a hei - a, ho.

Teil B:

Es macht tuk - tuk hier, es macht tuk - tuk da, tuk - tuk hier, tuk-tuk da,

tuk - tuk ü - ber - all.

2. Unser Onkel hat einen Bauernhof, heia, heia ho.
Und da laufen ein paar Gänse rum, heia, heia, ho.
Es macht ga-gak hier, es macht ga;gak da, ga-gak hier, ga-gak da, ga-gak überall.
3. .... Schweine .... oi-oi ...
4. .... Ziegen .... mek-mek ....
5. .... Kühe .... muh-muh ....

AUFSTELLUNG:	Kreis, Blick zur Mitte, durchgefaßt.
SCHRITTART:	Gehschritt.
TANZFORM:	Vor jeder Strophe sagt die Kindergärtnerin (Lehrer) an, von welchem Tier die nächste Strophe erzählt.
Teil A:	Alle gehen mit 4 Schritten zur Mitte, lassen die Hände los und klatschen bei „heia heia ho". Bei der Wiederholung wieder zum Kreis fassen, nach außen gehen und klatschen.
Teil B:	Die Kinder singen und ahmen mit ihrer Stimme das entsprechende Tier nach und zeigen „hier" und „da".
HINWEISE:	Die Ansage der Tiere kann später auch ein Kind übernehmen. Als Variation kann aus dem Bauernhof ein Zoo, Zirkus usw. werden.

Der englische Text lautet:

1. *Old Mac Donald had a farm E-i-e-i-o.*
And on his farm he had some chicks, E-i-e-i-o.
With a chick-chick here, And a chick-chick there,
Here a chick, there a chick, Ev'ry where a chick-chick.

2. *.... some ducks (quack-quack)*
3. *.... some geese (gabble-gabble)*
4. *.... a pig (oink-oink)*
5. *.... a cow (moo-moo)*
6. *.... a car (rattle-rattle)*

Du und ich, wir beide

Nach schwedischer Überlieferung
Bearbeitet von Gaby Nübel

92

6-7

AUFSTELLUNG: Paarweise im Kreis, eingehakt, Blick in Tanzrichtung.

SCHRITTART: Gehschritt.

TANZFORM:

Teil A: Die Paare gehen in Tanzrichtung und bei „Du und ich" zeigen sie aufeinander.

Teil B: Die Kinder wenden sich zueinander, der eine mit dem Rücken, der andere mit dem Blick in Tanzrichtung und geben sich die rechte Hand und gehen aneinander vorbei. Dem entgegenkommenden Kind geben sie die linke Hand und gehen vorbei. Beim nächsten Kind haken sie rechts ein, gehen einmal miteinander herum und spazieren weiter wie oben.

HINWEISE: Als Variation das Ganze im Hüpfschritt.

Methodisch gesehen ist dies eine Vorübung zur „Kette" anderer Tänze. Ehe man die „Kette" gehen läßt, kann auch die einfachere Form getanzt werden: Die Kinder wenden sich zueinander, sodaß sie im Doppelkreis stehen. Die Kinder innen gehen gegen Tanzrichtung, die Kinder außen in Tanzrichtung bis zum 3. Kind weiter, mit dem sie dann spazieren gehen.

Unsre Bimmelbahn

Nach ungarischer Überlieferung

93

5-7

AUFSTELLUNG: Kreis, Blick zur Mitte, durchgefaßt; ein einzelnes Kind.

SCHRITTART: Laufschritt.

TANZFORM:

Teil A: Alle singen und stehen im Kreis. Ein Kind ist die „Lok". Sie fährt mit kurzen Laufschritten (je Achtel 1 Schritt) beliebig in Kurven durch den Raum. Bei „herzlich ein" hält sie vor einem Kind an.

Teil B: Die „Lok" singt allein:

„So komm doch her"	– Verbeugung rechter Arm nach unten und zur Seite
„und steige ein"	– dasselbe mit dem linken Arm
„steigt alle ein"	– dasselbe mit beiden Armen
„Hui!"	– kehrt mit Schlußsprung.

Das eingeladene Kind hängt sich an die „Lok". Die Hände legt es auf die Schulter der „Lok".

Die Fahrt beginnt von neuem. Dieses 2. Mal ist das gleiche Kind noch einmal die „Lok". Beim nächsten Kehrtsprung wird der letzte Wagen die „Lok". Die Bimmelbahn fährt so einmal in die eine, dann in die andere Richtung. Jedes Kind wird dann einmal die „Lok".

HINWEISE: Es können auch mehrere einzelne „Loks" zugleich losfahren.

Die Bimmelbahn läßt sich auch im Klassenzimmer tanzen, ohne daß etwas weggeräumt werden muß. Die Kinder bleiben auf den Stühlen sitzen, bis sie von der „Lok" aufgefordert werden, sich anzuhängen.

Schwarze Pferde

Text und Melodie: Nach tschechoslowakischer Überlieferung
Tanzform und Bearbeitung: Ilse Tutt

94

6-8

2. **Mit dem Traktor geht es besser, der zieht schneller an.**
Schneller geht das Säen, schneller geht das Mähen.
Mit dem Traktor geht es besser, der zieht schneller an.

AUFSTELLUNG: Je 4 Kinder zu einer Gruppe, Hände rundum gefaßt („Kutsche").

SCHRITTARTEN: Gehschritt, Laufschritt.

TANZFORM:

Strophe 1 — Teil A: Die Kinder gehen im „Pferdegespann" in Tanzrichtung herum.

Teil B: Die Vorderen lösen nur die Innenhandfassung und wenden aus auf die Plätze der Hinteren, die nun nach vorne kommen. (Siehe Zeichnung).

Strophe 2 — Teil A und B: wie oben, jedoch als „Traktor" im Laufschritt.

HINWEISE: In der Strophe 1 mit etwas hochgezogenen Knieen den Pferdeschritt nachahmen.
Als lautmalende Unterstützung bietet sich bei Strophe 1 das Schnalzen mit der Zunge und bei Strophe 2 ostinates Sprechen der Silben „tecke tecke teck teck" an (z.B. jeweils die vorderen Kinder singen, die hinteren die Geräusche nachahmen lassen).

Puppenwiegen

Melodie: Heinz Lemmermann
Tanzform: Nach mündlicher russischer Überlieferung

95

5-7

AUFSTELLUNG: Je 4 Mädchen zu zweien einander gegenüber. Sie haben ihre Puppe in den Armen.

SCHRITTART: Gehschritt.

TANZFORM:

Strophe 1
- Teil A: Alle wechseln rechtsschultrig den Platz und wenden sich wieder einander zu.
- Teil B: Sie wiegen die Puppen in den Armen.

Strophe 2
- Teil A: Alle gehen mit ihrer Puppe im kleinen Kreis in Tanzrichtung.
- Teil B: Die Kinder gehen einen kleinen Kreis um ihren Platz und wiegen dabei ihre Puppe.

HINWEISE: Der langsame Schritt ist nicht schwer für die Kinder, wenn sie ihr eigenes Tempo im Gehen finden dürfen. Deshalb ist die Schrittzahl nicht angegeben. Die Liedteile geben an, wie lange die Kinder Zeit haben. Wichtig ist, daß die Kinder hören.

Als Vorübung bietet sich das freie Gehen im Raum mit der Puppe im Arm an.

Kindergarten-Mixer

Tanzform: Ilse Tutt

96

5-6

AUFSTELLUNG: Einzeln, frei im Raum verteilt.

SCHRITTARTEN: Gehschritt oder Kinderhüpfschritt, Schlußsprung

MUSIK:

Schallplatte FidulaFON 1196 .

TANZFORM:

Vorspiel

Teil A:

Takt 1- 2: Die rechte Hacke und die linke abwechselnd je 1 mal schräg nach vorn stellen.

Takt 3- 4: 4 Schritte vorwärts.

Takt 5- 8: Wiederholung von Takt 1 - 4.

Teil B:

Takt 9-10: 2 Schlußsprünge auf der Stelle.

Takt 11: In die Hocke gehen.

Takt 12: Wieder aufrichten.

Takt 13-16: Wiederholung von Takt 9-12.

HINWEISE: Stückweise üben und erst dann zusammensetzen.

Man kann auch andere Schritte und Bewegungen zu einem ähnlichen Tanz mixen. Die Kinder werden gerne helfen, etwas zu erfinden.

Hasensprung

Tanzform: Anneliese Gaß-Tutt

97

6-8
und älter

AUFSTELLUNG: Einzeln, frei im Raum verteilt.

SCHRITTARTEN: Schlußsprung, Laufschritt, Spreizsprung.

MUSIK:
Schallplatte FidulaFON 1196

TANZFORM:

Vorspiel

Teil A: Springen

Takt 1-8: Mit Schlußsprüngen in freiem Rhythmus auf der Stelle, vorwärts oder rückwärts springen.

Takt 1-4 wiederholen.
(Rhythmus für je 4 Takte: Lang, lang, kurz kurz lang.)

Teil B: Laufen

Takt 5: 2 Laufschritte

Takt 6: 1 Spreizsprung (Beine auseinander) und 1 Laufschritt

Takt 7-8: Wiederholung von Takt 5-6

Takt 5-8 wiederholen.
(Rhythmus für je 2 Takte: Schritt Schritt, Sprung, Schritt.)

Teil A und B immer im Wechsel wiederholen.

HINWEISE: Zur Einführung auf der Kreisbahn (ohne Fassung) üben.

Beim Tanzen kann zum Teil A das Hasenlied mitgesungen werden:

Text und Melodie: Wolfgang Vetter

2. Da kam ein dicker, fetter Schneck,
ein rechter Feld- und Gartenschreck,
der fraß dem flinken Has'
den Kohl weg vor der Nas'!

Ku-Tschi-Tschi

Bearbeitet von Ilse Tutt

98

7-8
und älter

AUFSTELLUNG: Einzeln, frei im Raum verteilt.

SCHRITTARTEN: Verschiedene Arten des Hüpfens, Schlußsprünge, Gehschritte.

MUSIK: Schallplatte FidulaFON 1196

TANZFORM:
(Vorspiel)

Takt 1 - 8: Hüpfen auf einem Bein, dabei wird das andere vorwärts und rückwärts oder seitwärts bewegt.

Takt 9 - 16: Schlußsprünge vorwärts oder auf der Stelle im Rhythmus: lang-lang, kurz-kurz-lang.

Takt 17 - 20: Vorwärtsgehen auf irgend ein anderes Kind zu.

Takt 21 - 24: Abwechselnd mit den Zeigefingern auf dieses Kind zeigen, dabei „Ku-Tschi-Tschi" rufen. (Das andere Kind macht das Gleiche.)

Takt 25 - 28: Zeigefinger zeigen abwechselnd nach oben an die Decke (dabei wird wieder „Ku-Tschi-Tschi" gerufen).

Das Ganze von Vorne.

HINWEISE: Dies ist ein Vorschlag. Der Tanz kann selbst für die bei den Kindern vorhandene Geschicklichkeit nach der Musik vereinfacht oder erweitert werden.

Bei der Musik ist gut zu erkennen, wann das „Ku-Tschi-Tschi" gerufen werden soll. Ebenso ist herauszuhören, wann die Gehschritte vorwärts gemacht werden.

Hüpferling

Tanzform: Ilse Tutt

99

6-8
und älter

AUFSTELLUNG: Kreis, Blick zur Mitte, ohne Fassung; ein einzelnes Kind in der Mitte.

SCHRITTARTEN: Hüpfschritte jeder Art.

MUSIK: Schallplatte FidulaFON 1196

TANZFORM: Das einzelne Kind in der Mitte tanzt einen von ihm ausgewählten Hüpfschritt. Die Anderen im Kreis ahmen das Beispiel nach. Evt. auf Zuruf – Solist darf nicht zu lange in der Mitte bleiben – hüpft das Kind aus der Mitte hinter ein anderes, gibt ihm einen Klaps auf den Rücken und nimmt seinen Platz ein.
Der neue Solist hüpft in die Mitte und läßt sich etwas Neues einfallen.

HINWEISE: Bei den Hüpfschritten wird 2 oder mehrere Male auf einem Bein gehüpft. Dabei kann das andere Bein die verschiedensten Bewegungen ausführen: vor- und rückwärtsschwingen, Knie hochziehen, seitwärts mit und ohne kreuzen, kicken usw.

Es können auch Sprünge mit eingeflochten werden.

Geeignetste Teilnehmerzahl je Kreis: 12-15 Kinder.

Klapper - Klatsch

Tanzform: Anneliese Gaß-Tutt

100

6-8
und älter

AUFSTELLUNG: Reihen von 5-6 Kindern, Hüftfassung, frei im Raum verteilt.

SCHRITTART: Gehschritt.

MUSIK: Schallplatte FidulaFON 1196

TANZFORM:

Vorspiel

Teil A:

Takt 1 - 8: Vorwärtsgehen

Teil B: Klapperklatsch (je Takt 2 mal klatschen)

Takt 9 - 15: Abwechselnd 2 mal in die eigenen Hände und anschließend auf den Rücken des Vorderen klatschen. (Der Vorderste klatscht auf seine Oberschenkel.)

Takt 16: Als Abschluß 1 mal auf den Rücken des Vorderen klatschen.

Zu Takt 9 - 16 kann gesungen werden:

HINWEIS: Es muß darauf geachtet werden, daß sich die verschiedenen Reihen nicht gegenseitig behindern oder stoßen.

Die große Reise

Text: Ortfried Pörsel
Melodie: Heinz Lemmermann
Tanzform: Nach O. Pörsel

101

7-8

(Dem 1. Teil der Melodie liegt eine Volksweise aus Texas zugrunde.)

1. Sa - bi - ne, willst du mit mir fah - ren in die wei - te Welt,
2. Sa - bi - ne, willst du mit mir fah - ren in die wei - te Welt,
3. Sa - bi - ne, willst du mit mir gehn hin - aus in Wald und Feld?

nach Ruß - land o - der Ka - na - da? Es ko - stet dich kein Geld.
nach Tex - as in A - me - ri - ka? Es ko - stet dich kein Geld.
Da su - chen wir uns Pil - ze dann. Es ko - stet dich kein Geld.

Ruß - land o - der Ka - na - da? Es ko - stet dich kein Geld.
Tex - as in A - me - ri - ka? Es ko - stet dich kein Geld.
Su - chen wir uns Pil - ze dann. Es ko - stet uns kein Geld.

1. Nein! Ri - ra - rums - da - la, da stei - ge ich nicht ein; du
2. Nein! Ri - ra - rums - da - la, da wä - re ich ja dumm; du
3. Ja! Ri - ra - rums - da - la, da geh ich ger - ne aus, denn

fährst mir lei - der viel zu schnell, da brech' ich mir ein Bein. Bein.
fährst mir lei - der viel zu schnell, da kippt das Au - to um. um.
gros - se Pil - ze such ich gern, die bra - ten wir zu Haus. Haus.

ersatzweise als 3. Strophe:

/: Sabine, willst du mit mir kommen
in den großen Saal?
Es sind so viele Leute hier,
drum singen wir noch mal:/

/: Ja! Ri - ra - rumsdala,
heut soll es lustig sein,
und wenn ihr jetzt nicht alle klatscht,
dann klatschen wir allein. :/

AUFSTELLUNG: Kurze Reihen von 4, 6 oder 8 Kindern (sie stehen paarweise in der Reihe), alle Blick in dieselbe Richtung, ohne Fassung.

SCHRITTARTEN: Gehschritt, Kinderhüpfschritt.

MUSIK: Schallplatte: FidulaFon 1152

TANZFORM:

Strophe 1 und 2:

Vorspiel: Alle klatschen in die Hände.
Klatschrhythmus:

Teil A: Die Reihen fassen durch und gehen frei durch den Raum.
Bei der Wiederholung Fassung lösen, halbe Linksdrehung im Gehen, sofort wieder durchfassen und weitergehen in derselben Richtung wie vorher.

Teil B: Die Reihe steht: alle klatschen und stampfen gleichzeitig auf „Nein!". Alle Ersten im Paar umkreisen den Partner im Kinderhüpfschritt (in Tanzrichtung), die anderen klatschen.

Bei der Wiederholung klatschen und stampfen wieder alle gleichzeitig auf „Nein!". Anschließend umkreisen die Zweier im Paar gegengleich den Partner im Kinderhüpfschritt, die Einer klatschen.

Nun beginnt der Tanz von Vorne; während des Klatschens beim Vorspiel drehen sich alle mit einer halben Rechtsdrehung wieder in Anfangsrichtung.

Strophe 3 und 4:

Vorspiel: wie Strophe 1 und 2.

Teil A: wie Strophe 1 und 2.

Teil B: Auf „Ja!" klatschen und stampfen alle gleichzeitig. Die Partner wenden sich einander zu und tanzen auf ihrem Platz im Paarkreis gegen Tanzrichtung herum (Kinderhüpfschritt).

Bei der Wiederholung gegengleich (paarweise in Tanzrichtung herum).

HINWEISE: Auf Wunsch können die Paare auch gemischt zusammengesetzt sein.

Als Variation tanzen die Kinder in Teil A Laufschritt statt Gehschritt.

Eine weitere Variation: Die Kinder schauen abwechselnd nach der einen und der anderen Seite.

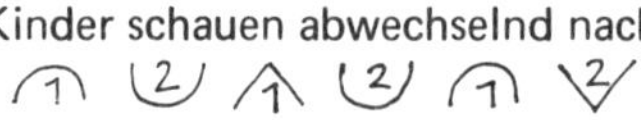

Überlegungen und Hinweise

für Ihre praktische Arbeit

Tanz ist eine Kunstform – ein Kindertanz ist ein kleines Kunstwerk, das eine Einheit von Bewegung und Spiel, Melodie und Sprache bildet. Auch dem einfachsten Kindertanz sollte mit Achtung begegnet werden.

Überlegungen zum Kindertanz

Vielleicht ist die landläufige, geringe Beachtung des Kindertanzes die Ursache dafür, warum es so wenig Kindertanzbücher gibt. Für das Alter von 4-8 Jahren sind lediglich in Kinderliederbüchern verstreut Tänze mit knappen Spielanweisungen zu finden. Die hier aufgezeichneten Tänze stammen aus der Überlieferung und der praktischen Arbeit mit Kindern bis zu 8 Jahren in Kindergärten, Vorschulen und Grundschulen. Die Sammlung wurde bereichert durch die Mitarbeit einiger Mütter, die mit ihren Kindern tanzen.

Eingehendes Beobachten von tanzenden Kindern gibt Einblick in die kindliche Erlebniswelt. Dabei sind typische Merkmale für Kindertänze erkennbar:

Die einfachen *Inhalte* umfassen die Eindrücke, die das Kind in seiner Umwelt erlebt: alles, was ihm auffällt in der Natur und in der Technik, besonders, was sich bewegt, wie Menschen und Tiere, Sonne, Mond und Sterne. Auto, Straßen- und Eisenbahn. Gleichstark sind daneben die Erlebnisse aus der Märchenwelt: „Dornröschen", die „goldne Brücke", die „Jungfer Liese" und auch der „Sandmann".

Die Kindertanz-*Melodien* reichen vom kindlichen Singsang bis zum altersgemäß singbaren Kinderlied. Kennzeichnend sind Wiederholungen und wiederkehrende, rhythmische Motive. Melodie und *Wortlaut* erscheinen unmittelbar zusammengehörig und gleichwertig. *Kehrreim* und *Stabreim* treten häufig auf. Kindertümliche *Wortspiele* finden viel Anklang.

Rhythmische Bewegungen – Klatschen und Stampfen – sind Vorstufen und Teile des kindlichen Tanzens. Sie nehmen oft größeren Raum ein und ersetzen in ganzen Tanzabschnitten Schritt und Sprünge.

Verschiedene *Schrittarten* sind kindgemäß und gebräuchlich: Kinderhüpfschritt, leichter Laufschritt, Geh-, Galopp- und Nachstellschritt. Einfache *Sprünge* sind beliebt.

Besonders wesentlich und wenig als Element des Kindertanzes beachtet, ist die *Spannung*. Der Erwachsene kann sie durch Beobachtung erfahren: Wann kommt das, was Spaß macht? (z.B. das Niederhocken bei „Ringel Ringel Reihe"). Wann bin ich dran? (z.B. beim „Kranzbinden"). Wie löst sich eine verzwickte Figur wieder auf? (z.B. bei der „Riesenschlange").

Tanzende Kinder zeigen ihre Freude an der Bewegung, am Nachahmen und Darstellen, am Miteinander. Sie tanzen unbekümmert, gehen vollständig darin auf und entwickeln eine Ausdauer in einem für Erwachsene fast unverständlichen Ausmaß. Manchen Tanz können sie lange Zeit tanzen, ohne daß ihre Freude daran nachläßt. Gibt man Kindern Möglichkeit zu tanzen, so schaffen sie sich selbst den Ausgleich zur Bewegungsarmut unserer Zeit, die auch die Kinder erfaßt.

Es geht beim Tanzen mit Kindern also nicht nur um das Erlernen von einigen Tänzen, sondern um die Entwicklung des Kindes. Das Tanzen hilft in hervorragendem Maße und vor allem fast unmerklich, die kindliche Persönlichkeit zu entfalten. Das Tanzerlebnis bedeutet für das einzelne Kind Stärkung des Selbstvertrauens, Freude an der Selbstdarstellung im Sinne des Bewährens, Lust am Gestalten mit Hilfe der Phantasie. (Man spricht heute von Kreativität.)

Die meisten Kinder erleben im Kindergarten ihre ersten sozialen Kontakte mit Menschen außerhalb der Familie. Das Tanzen erleichtert dies in besonders zwangloser und liebenswerter Weise:

Kontakte werden schneller hergestellt,
Beziehungen untereinander werden enger,
das Verhalten zueinander wird aufmerksamer (Vorsicht, Rücksicht, Nachsicht, Ein- nicht Unterordnen).

Die oben genannten typischen Merkmale des Kindertanzes sind bei überlieferten Tänzen festzustellen. Viele von ihnen wurden unverändert in diese Sammlung aufgenommen, sofern sie gegenwartsbezogen sind. Andere mußten eine leichte Änderung erfahren oder umgestaltet werden, damit die Kinder nicht mit unzeitgemäßen Begriffen und Sachverhalten umgehen (Beispiele: „Zeigt her eure Füße", „Wagenschieben", „Herr Schmidt, Herr Schmidt"). Eine gezielte Umfrage zeigte in diesen Fragen eine gewisse Unsicherheit und bestätigte die pädagogische Notwendigkeit solcher Umgestaltungen. Die in das „Tanzkarussell" aufgenommenen Neuschöpfungen wurden nach oben genannten Gesichtspunkten ausgewählt und bringen zum großen Teil gegenwartsnahe Themen. Einige Tänze, die ursprünglich im Dialekt gesungen wurden, sind dem Hochdeutschen angeglichen. Der Originaltext wurde beigefügt („In meiner Stube", „Schwäbische Eisenbahn").

Die im Buch vorgenommene Zuordnung zu Altersstufen ist als Richtwert anzusehen. Entscheidend für die Auswahl eines Tanzes ist nicht allein das Alter, sondern der Entwicklungsstand der Kinder und der Gruppe. Es kann also auch ein Tanz, der für das Kindergartenalter eingeordnet ist, in der Schule richtig sein. Umgekehrt können Kinder im Kindergarten an einem schwierigeren Tanz Freude haben, wenn die Voraussetzungen gegeben sind.
Ob Jungen oder Mädchen miteinander tanzen spielt für Kinder im Alter von 4-8 Jahren keine Rolle. Hier gibt es keine Partnerbeziehung wie bei Erwachsenen. (Ausnahmen in diesem Buch wie z.B. „Mädchen darf ich mit dir gehen" oder der „Kochlöffeltanz" durchbrechen diese Regel. Werden sie vorgetanzt, ist die optische Wirkung besser, wenn Jungen mit Mädchen tanzen.)

Der gesamte Stoff des Buches wurde in Teilthemen gegliedert, die aber nicht starr und mit Vollständigkeitsanspruch aufgefaßt werden sollten. Überschneidungen innerhalb der einzelnen Kapitel ließen sich nicht vermeiden. Aus diesem Grund sind im Anhang Tänze nach weiteren Gesichtspunkten zusammengestellt („Wenn Sie Tänze suchen.....").

In den Kapiteln *Tänze für die Allerkleinsten* und *Drinnen und draussen in Kindergarten und Vorschule* sind einfachste Tanzformen und einfachste Bewegungen zusammengefaßt, die aber für dieses Alter schon gewisse Anforderungen stellen.
Für jüngere Schulkinder sind wenig Tänze bekannt. In *Drinnen und draußen in der Schule* wurden vor allem solche Tänze ausgewählt, die sich für dieses Alter eignen. Ein weiterer Gesichtspunkt für diese Altersgruppe ist: ein Tanz zur Auflockerung des Unterrichts ermuntert die müden Geister der zu vielem Sitzen gezwungenen Schulkinder. (Siehe auch im Anhang „Tänze für die Altersgruppen" und „Im Klassenzimmer – ohne Umräumen".)
Fast alle Eltern machen mit ihren Kleinkindern Finger-, Sprech-, und Kniereiterspiele. Kleine Tänze als Fortsetzung dieser rhythmischen Spiele bringt das Kapitel *Mutter und Kind zu Hause*. Im Anhang zeigt die Zusammenstellung „Eltern tanzen mit ihren Kindern" noch weitere Beispiele.
Für Turn- und Sportgruppen bringt *Mutter und Kind in der Turnhalle* besondere Anregungen. Weitere Tänze für diese Situation finden sich leicht an anderen Stellen des Buches.
Im Kapitel *Auf der Straße* wird der Versuch unternommen, die Verkehrserziehung lebendiger zu gestalten.
Besondere Ereignisse machen den Alltag zum *kleinen Fest*. Dies kann betont werden durch Tänze. Es finden sich Tänze für jede Jahreszeit, bei denen alle Kinder mittanzen können.
Dagegen ist bei *Vortanzen zum Zuschauen* bei Elternnachmittagen und Schulaufführungen eine Rollenverteilung nach Begabung und Geschicklichkeit angebracht. Dabei sollte vermieden werden, daß sich einige Kinder ausgeschlossen fühlen, andere dagegen zu sehr im Vordergrund stehen. Alle Tänze dieses Kapitels eignen sich zum Mitmachen für alle Kinder, außer „Kochlöffeltanz" und „Mädchen, darf ich mit dir gehn". Das Vorführen sollte nicht als Zweck des Tanzens angesehen werden, doch hat es in solchen Ausnahmefällen seine Berechtigung.
Klatschtänze sind keine Tänze im eigentlichen Sinne, sondern Formen, die Spaß machen und als rhythmische Teilübung in der Gesamterziehung dieser Altersstufe angesehen werden sollten. Sie konzentrieren die Kinder im Spiel auf die Bewegungen der Hände und bringen eine bewußtere Einstellung und Hinwendung zum Partner.
Die Tatsache, daß es außerhalb unserer Heimat auch tanzende Kinder gibt, wie es die Tänze der *Nachbarskinder* zeigen, kann bei geschicktem Einflechten den Blick der Kinder über die Grenzen hinaus weiten.

Nicht nur altes Tanzgut hat seine Berechtigung im Kindertanz, sondern ebenso neue Formen. Obwohl es natürlich ist, daß Singen und Tanzen bei den Kindern zusammengehören, werden am Schluß des Buches in *Tänze nach Schallplatten* einige Tänze nach Schallplattenmusik unserer Zeit als Versuchsbeispiele hinzugefügt.

Jedes Tanzen mit Kindern erfordert eine gute Vorbereitung. Grund- und Vorübungen können notwendig sein und das Tanzen erleichtern:

Durcheinandergehen ist eine wesentliche Übung, die auf den ersten Blick unscheinbar aussieht. Jeder sucht seinen Weg, ohne andere anzustoßen oder zu behindern. Rücksicht nehmen, Einordnen, Abstand halten wird dabei geübt, und das freie Sich-Bewegen ist anfangs nicht leicht. (Tanzbeispiele: „Hänschen klein", „Geht das Pferdchen", „Schneeflockentanz", „Kindergarten-Mixer").

Miteinandergehen zu zweien oder zu dreien erfordert das Einstellen auf Partner. Hier, wie in anderen Grundübungen, ist es wichtig, die Kinder so lange ihren eigenen Rhythmus gehen zu lassen, bis sie sich dem Rhythmus der anderen anpassen können (Tanzbeispiele: „Ri-ra-rutsch", „Machet auf das Tor", „Kirmestanz").

Hintereinander-Gehen in langer Reihe (Hände auf den Hüften des Vorderen) macht schon Spaß, ehe daraus ein Tanz wird (Tanzbeispiele: „Ha ha ha die Kinder kommen", „Ein kleiner Bauer", „Elefantentrott", „Unsre Bimmelbahn").

Der *Kreis* kommt in Kindertänzen häufig vor. Ihn zu bilden und in der Bewegung rund zu halten, ist schwer. Dazu sollten erst kleine Kreise gebildet werden, bevor man zu größeren übergeht (Tanzbeispiele: „Ringel Ringel Reihe", „Kranzbinden", „Mausewoche"). Noch schwerer fällt die Kreisform beim Kreis zu Paaren (Tanzbeispiele: „Gretel Gretel", „Tanz mit mir", „Lustige Leut"). Bei solchen Kreisformen sollte man am Anfang nicht zu kritisch sein.

Ehe eine gute *Reihe* zu erkennen ist, sei es eine Schlangenlinie, sei es eine Reihe, die vor und rückwärts geht, wird es einige Zeit dauern. Eifer und Bewegungsfreude lassen die Kinder vergessen, auf den Nachbarn oder auf die Richtung zu achten (Tanzbeispiele: „Rumpa", „Die kleine Schlange", „Hochzeit").

Besondere Schwierigkeiten ergeben sich für die Kinder bei der *Gasse*. Die Zuordnung von zwei Reihen, die sich gegenüberstehen, erfordert Aufmerksamkeit in mehrfacher Hinsicht. Als Grundübung zur Gasse kann der beim ersten Hinsehen einfach erscheinende Tanz „Der Sandmann ist da" genommen werden. Beherrschen die Kinder paarweise den Galoppschritt seitwärts kann man zur Gassenaufstellung kommen. Mit viel Geduld wird das Lösen vom Partner und das Weiterbauen der Gasse als schneller Übergang erreicht werden. Der „Sandmann" kann Vorübung für andere Tänze wie „Ampel rot – Ampel grün" und „Am Zebrastreifen" sein, die danach weniger Schwierigkeiten bieten.

Wenn man sich zu solchen vorbereitenden Grundübungen entschließt, sollten sie, wie alles Üben von Tänzen, als heiteres Spiel (evt. zu Tamburin oder Trommel oder mit Singweise) aufgezogen werden. Übungsdrill, Proberei und ermüdende Wiederholung nehmen den Kindern die Freude.

Vor dem Einführen eines Tanzes sind weitere Überlegungen angebracht.

Welchen Tanz wähle ich aus?
Obwohl die Einordnung der Tänze in Altersstufen in diesem Buch den Schwierigkeitsgrad andeutet, ist die besondere Situation jeder Gruppe zu beachten. Richtiges Einschätzen der Anforderungen eines Tanzes läßt eine richtigere Auswahl treffen.

Der ganze Tanz – oder Teilabschnitte?
Kleine Tänze lassen sich als Ganzes einführen, andere dagegen erfordern das Aufgliedern in Teile, die auch an verschiedenen Tagen wiederholt und später zusammengesetzt werden können (Tanzbeispiele: „Große Uhren, kleine Uhren", „Im Rummelsack", „Kochlöffeltanz"). Läßt die Lust an einem Tanz spürbar nach, empfiehlt es sich, ihn erst nach einer Pause von Tagen oder Wochen wieder zu tanzen.

Zählen? – Hören!
Es widerspricht dem Wesen des Tanzes und den Voraussetzungen der Kinder, einen Tanz mit gezählten Takten und Schritten zu „erarbeiten". Melodie und Rhythmus bestimmen das Maß der Schritte und Bewegungen, und die Kinder sollten zum Hören und Tanzen gebracht werden. In der Tanzbeschreibung ist nur dann die genaue Schrittzahl angegeben, wenn die Tanzform es verlangt.

Einordnen in eine Sachgeschichte?
Für die Allerkleinsten trägt das Einbetten eines Tanzes in eine Geschichte oder ein Spiel zum besseren Verstehen bei (Tanzbeispiele: „Ei, wie langsam", „Jetzt steigt Hampelmann", „Jakob ist ein Zottelbär").

Wie lernen die Kinder die Melodie?
Zum einfachen Kindertanz gehört die einstimmige Singweise. Am natürlichsten lernen die Kinder die Tanzlieder durch Vor- und Nachsingen. Manchmal bietet sich der Kehrreim zum Beginnen an. Zersungene Melodien können in manchen Fällen berichtigt werden, wenn man die Tanzlieder einige Zeit nicht singen und tanzen läßt.

Besondere Rhythmusübungen?
Einige Tänze zeigen eine ausgesprochen rhythmische Betonung und verlangen geradezu Rhythmusübungen (Tanzbeispiele: „Eine kleine Dickmadam", „Große Uhren, kleine Uhren", „Spring-Roien").

„Vorbereitung", „Übung" und alle anderen methodischen Überlegungen, die hier einen breiten Raum einnehmen, sollten nicht vergessen lassen, daß Tanzen für die Kinder nicht Lernstoff ist.
Die unvoreingenommene Beobachtung zeigt, daß *alle* Kinder tanzbegabt sind. Ihr Entwicklungsstand und mancherlei Hemmungen, die oft von außen her erzeugt worden sind, können als Hindernis auftreten. Die Erzieher sollten sich bemühen, das zu erkennen und Hilfen beim Überwinden geben. Der Tanz kann sie dabei unterstützen.

Methodisch aufgebaute Beispiele

Einige methodisch aufgebaute Tanzreihen sollen zeigen, wie der vorhergehende Tanz eine Voraussetzung schafft für den nächsten. (Natürlich können hier nicht alle Gesichtspunkte berücksichtigt werden. In ähnlicher Weise lassen sich andere methodische Reihen aufbauen.)

Frei im Raum	Hänschen klein Ei wie langsam Geht das Pferdchen Windrädchen
In der Reihe	Ha ha ha, die Kinder kommen Elefantentrott Klapperschlange
Paar-Kreis	Regentropfentanz Dreh dich um Sommertanz
Kreis, nicht durchgefaßt	Puppenwiegen Rasseltanz Schustertanz
Paarweise im Kreis	Ri Ra Rutsch 1, 2, 3, 4, 5, 6, 7 Du und ich, wir beide
Galoppschritt seitlich	Tanz mit mir Gretel, Gretel Der Sandmann ist da Wir schließen das Tor
Nachstellschritt	Das Rädchen geht langsam Jakob ist ein Zottelbär Im Rummelsack Spring-Roien Mausewoche
Spreizsprung	Ich wollt Herr Schmidt, Herr Schmidt Hüpfhäuschen Spring-Roien

WENN SIE SUCHEN:

Tänze für die Altersgruppen

		4 J.	5 J.	6 J.	7 J.	8 J.	und älter
1	Ha ha ha, die Kinder kommen	x	x				
2	Ei, wie langsam	x	x				
3	Ringel Ringel Reihe	x	x				
4	Hänschen klein	x	x	x			
5	Teddybär, Teddybär	x	x	x			
6	Speck und Eier	x	x	x			
7	Jetzt steigt Hampelmann	x	x	x	x	x	
8	Jakob ist ein Zottelbär	x	x				
9	Dornröschen	x	x	x			
10	Jungfer Liese		x	x	x		
11	Grünes Gras		x	x			
12	Rumpumpels Landpartie	x	x	x	x		
13	Geht das Pferdchen	x	x	x			
14	Kranzbinden	x	x	x			
15	Grün sind alle meine Kleider	x	x	x			
16	Spielplatz-Karussell	x	x	x	x		
17	Heidi bums fallera		x	x			
18	Ich wollt		x	x	x		
19	Das Taubenhaus		x	x	x		
20	Goldne goldne Brücke	x	x	x	x		
21	Auf Wiedersehn	x	x	x			
22	Tanz mit mir			x	x	x	x
23	Rumpa		x	x	x		
24	Der lustige Hampelmann		x	x	x		
25	Große Uhren, kleine Uhren				x	x	x
26	Hüpfhäuschen				x	x	x
27	Mausewoche		x	x	x	x	x
28	Machet auf das Tor		x	x	x	x	
29	Hochzeit		x	x	x	x	
30	Spring-Roien			x	x	x	x
31	Wir schließen das Tor			x	x	x	
32	Lust'ge Leut			x	x	x	x
33	Der Regenbogen			x	x	x	
34	Es gingen zwei Alte			x	x	x	x
35	Immer länger wird die Reih			x	x	x	x
36	Eins, 2, 3, 4, 5, 6, 7, wo ist			x	x	x	
37	Gretel, Gretel			x	x	x	
38	Das Rädchen geht langsam		x	x	x		
39	Herr Schmidt, Herr Schmidt		x	x	x		
40	Dreh dich um	x	x	x			

	4 J.	5 J.	6 J.	7 J.	8 J.	und älter
41 Ri-ra-rutsch	x	x	x			
42 Zeigt her eure Füße	x	x	x			
43 Holzsäger			x	x	x	
44 Lauf, Dieb lauf		x	x	x	x	x
45 Wide wide witt	x	x	x	x	x	x
46 Der Sandmann ist da		x	x	x		
47 Wagenschieben			x	x	x	x
48 Ich bin ein kleiner Esel			x	x	x	x
49 Schneider Mock		x	x	x	x	
50 Ein kleiner Bauer	x	x	x	x		
51 Schwarze Schornsteinfeger	x	x	x			
52 Das Mühlenhaus		x	x	x	x	
53 Schustertanz			x	x	x	
54 Besentanz vom Straßenkehrer			x	x		
55 Die dicke Köchin		x	x	x		
56 Elefantentrott			x	x	x	
57 Der Schneck	x	x	x	x		
58 Zip zip zipovitschka		x	x	x		
59 Mi-Ma-Mausemaus			x	x	x	
60 Die Riesenschlange	x	x	x	x	x	x
61 Die kleine Schlange	x	x	x	x		
62 Tut! Das Auto kommt	x	x				
63 Klingeling, da kommt sie an	x	x				
64 Die Schwäbische Eisenbahn				x	x	
65 Eisenbahn von nah und fern	x	x	x			
66 Am Zebrastreifen		x	x	x	x	x
67 Ampel rot – Ampel grün			x	x	x	x
68 Rasseltanz		x	x	x	x	x
69 Geburtstagstanz	x	x	x	x	x	
70 Zappeltanz zum Karneval			x	x	x	x
71 Regentropfentanz			x	x	x	
72 Sommertanz		x	x	x	x	
73 Kirmestanz			x	x	x	x
74 Windrädchen		x	x			
75 Kinderpolonaise			x	x	x	x
76 Kleiner Laternentanz		x	x			
77 Großer Laternentanz			x	x	x	x
78 Schneeflockentanz	x	x				
79 Im Rummelsack			x	x	x	
80 Kinder-Zirkus		x	x	x	x	x
81 Hei, Schabernack!			x	x	x	x
82 O Leiermann		x	x	x	x	x
83 Omnibusfahrt	x	x	x	x		
84 Kochlöffeltanz				x	x	x
85 Mädchen, darf ich mit dir gehn				x	x	x

		4 J.	5 J.	6 J.	7 J.	8 J.	und älter
86	Fritz, Fratz, Friederich			x	x	x	
87	Eine kleine Dickmadam	x	x				
88	In meiner Stube			x	x	x	
89	Trommelspaß	x	x	x			
90	Auf der Brück von Avignon	x	x	x	x		
91	Unser Onkel hat 'nen Bauernhof	x	x	x			
92	Du und ich, wir beide			x	x		
93	Unsre Bimmelbahn		x	x	x		
94	Schwarze Pferde			x	x	x	
95	Puppenwiegen		x	x	x		
96	Kindergarten-Mixer		x	x			
97	Hasensprung				x	x	x
98	Ku-Tschi-Tschi				x	x	x
99	Hüpferling			x	x	x	x
100	Klapper-Klatsch			x	x	x	x
101	Die große Reise				x	x	x

Tänze für verschieden große Kindergruppen

(Hier kann nur eine Grobeinteilung aufgezeigt werden. Bei vielen Kindern ist eine Unterteilung in kleinere Gruppen wichtig.)

		bis 10 Kinder	bis 25 Kinder	bis 40 Kinder
1	Ha ha ha, die Kinder kommen	x	x	x
2	Ei, wie langsam	x	x	
3	Ringel Ringel Reihe	x	x	x
4	Hänschen klein	x	x	
5	Teddybär, Teddybär	x	x	x
6	Speck und Eier		x	
7	Jetzt steigt Hampelmann	x	x	
8	Jakob ist ein Zottelbär	x	x	
9	Dornröschen		x	
10	Jungfer Liese		x	
11	Grünes Gras		x	x
12	Rumpumpels Landpartie		x	
13	Geht das Pferdchen	x	x	
14	Kranzbinden	x	x	
15	Grün sind alle meine Kleider		x	
16	Spielplatz-Karussell		x	x
17	Heidi bums fallera	x	x	x
18	Ich wollt	x	x	x

		bis 10 Kinder	bis 25 Kinder	bis 40 Kinder
19	Das Taubenhaus		x	
20	Goldne goldne Brücke		x	
21	Auf Wiedersehn	x	x	x
22	Tanz mit mir		x	x
23	Rumpa		x	
24	Der lustige Hampelmann	x	x	x
25	Große Uhren, kleine Uhren	x	x	x
26	Hüpfhäuschen	x		
27	Mausewoche	x	x	x
28	Machet auf das Tor	x	x	
29	Hochzeit		x	
30	Spring-Roien		x	x
31	Wir schließen das Tor		x	
32	Lust'ge Leut		x	x
33	Der Regenbogen		x	x
34	Es gingen zwei Alte		x	x
35	Immer länger wird die Reih	x	x	
36	Eins, 2, 3, 4, 5, 6, 7, wo ist		x	
37	Gretel, Gretel		x	x
38	Das Rädchen geht langsam	x	x	
39	Herr Schmidt, Herr Schmidt	x	x	x
40	Dreh dich um	x	x	
41	Ri-ra-rutsch	x	x	x
42	Zeigt her eure Füße	x	x	x
43	Holzsäger	x	x	x
44	Lauf, Dieb lauf		x	x
45	Wide wide witt		x	x
46	Der Sandmann ist da		x	x
47	Wagenschieben		x	
48	Ich bin ein kleiner Esel		x	x
49	Schneider Mock		x	x
50	Ein kleiner Bauer		x	
51	Schwarze Schornsteinfeger		x	x
52	Das Mühlenhaus	x	x	x
53	Schustertanz		x	x
54	Besentanz vom Straßenkehrer		x	
55	Die dicke Köchin		x	
56	Elefantentrott	x	x	x
57	Der Schneck			x
58	Zip zip zipovitschka	x	x	
59	Mi-Ma-Mausemaus		x	
60	Riesenschlange			x
61	Die kleine Schlange		x	
62	Tut! Das Auto kommt	x	x	
63	Klingeling, da kommt sie an	x	x	

		bis 10 Kinder	bis 25 Kinder	bis 40 Kinder
64	Die Schwäbische Eisenbahn		x	x
65	Eisenbahn von nah und fern	x	x	
66	Am Zebrastreifen		x	
67	Ampel rot – Ampel grün		x	
68	Rasseltanz		x	
69	Geburtstagstanz		x	x
70	Zappeltanz zum Karneval		x	
71	Regentropfentanz		x	x
72	Sommertanz		x	x
73	Kirmestanz		x	x
74	Windrädchen	x	x	
75	Kinderpolonaise			x
76	Kleiner Laternentanz		x	x
77	Großer Laternentanz			x
78	Schneeflockentanz	x	x	
79	Im Rummelsack		x	x
80	Kinder-Zirkus			x
81	Hei, Schabernack!	x	x	
82	O Leiermann		x	
83	Omnibusfahrt		x	
84	Kochlöffeltanz		x	
85	Mädchen, darf ich mit dir gehn		x	
86	Fritz, Fratz, Friederich	x	x	x
87	Eine kleine Dickmadam	x		
88	In meiner Stube		x	x
89	Trommelspaß	x	x	x
90	Auf der Brück von Avignon	x	x	
91	Unser Onkel hat 'nen Bauernhof	x	x	
92	Du und ich, wir beide		x	
93	Unsre Bimmelbahn	x	x	x
94	Schwarze Pferde		x	
95	Puppenwiegen	x	x	
96	Kindergarten-Mixer	x	x	
97	Hasensprung	x	x	
98	Ku-Tschi-Tschi	x	x	x
99	Hüpferling		x	
100	Klapper-Klatsch	x	x	x
101	Die große Reise	x	x	x

Eltern tanzen mit ihren Kindern

Mit kleinen Änderungen und ein wenig Fantasie eignen sich:

3 Ringel Ringel Reihe
11 Geht das Pferdchen
15 Ich wollt
35 Immer länger wird die Reih'
38 Das Rädchen geht langsam
39 Herr Schmidt, Herr Schmidt
40 Dreh dich um
41 Ri-ra-rutsch
42 Zeigt her eure Füße
43 Holzsäger
45 Wide wide witt
48 Ich bin ein kleiner Esel
52 Das Mühlenhaus
53 Schustertanz
56 Elefantentrott
58 Zip zip zipovitschka
68 Rasseltanz
86 Fritz, Fratz, Friederich
87 Eine kleine Dickmadam
88 In meiner Stube
89 Trommelspaß
94 Schwarze Pferde
96 Kindergarten-Mixer
97 Hasensprung
99 Hüpferling
100 Klapper-Klatsch

Im Klassenzimmer – ohne Umräumen

Zur Auflockerung des Unterrichts eignen sich:

1 Ha ha ha, die Kinder kommen
4 Hänschen klein
5 Teddybär, Teddybär
25 Große Uhren, kleine Uhren (Tanzform 1)
42 Zeigt her eure Füße
43 Holzsäger
50 Ein kleiner Bauer
51 Schwarze Schornsteinfeger
86 Fritz, Fratz, Friederich
87 Eine kleine Dickmadam
88 In meiner Stube
89 Trommelspaß
93 Unsere Bimmelbahn

Für Kinderfeste – mit vielen Kindern

(Für jedes Kind hörbare Unterstützung des Singens durch Instrumente oder Tontechnik.)
Untergliederung der Kinder in Gruppen erleichtert die Durchführung.

16 Spielplatz-Karussell
21 Auf Wiedersehn
24 Der lustige Hampelmann
30 Spring-Roien
34 Es gingen zwei Alte
37 Gretel, Gretel
44 Lauf, Dieb lauf
45 Wide wide witt
46 Der Sandmann ist da
56 Elefantentrott
57 Der Schneck
60 Die Riesenschlange
64 Die Schwäbische Eisenbahn
72 Sommertanz
75 Kinderpolonaise
77 Großer Laternentanz
100 Klapper-Klatsch

Für Eltern- und Schulnachmittage

7 Jetzt steigt Hampelmann
73 Kirmestanz

10 Jungfer Liese
12 Rumpumpels Landpartie
21 Auf Wiedersehn
34 Es gingen zwei Alte
53 Schustertanz
58 Zip zip zipovitschka
68 Rasseltanz
72 Sommertanz
75 Kinderpolonaise
77 Großer Laternentanz
80 Kinder-Zirkus
81 Hei, Schabernack!
82 O Leiermann
83 Omnibusfahrt
84 Kochlöffeltanz
85 Mädchen, darf ich mit dir gehn

Kinder führen an

1 Ha ha ha, die Kinder kommen
12 Rumpumpels Landpartie
15 Grün sind alle meine Kleider
20 Goldne goldne Brücke
23 Rumpa
28 Machet auf das Tor
29 Hochzeit
33 Der Regenbogen
47 Wagenschieben
49 Schneider Mock
50 Ein kleiner Bauer
54 Besentanz vom Straßenkehrer
55 Die dicke Köchin
56 Elefantentrott
57 Der Schneck
60 Die Riesenschlange
61 Die kleine Schlange
62 Tut! Das Auto kommt
63 Klingeling, da kommt sie an
65 Eisenbahn von nah und fern
71 Regentropfentanz
75 Kinderpolonaise
76 Kleiner Laternentanz
77 Großer Laternentanz
80 Kinder-Zirkus
83 Omnibusfahrt
93 Unsre Bimmelbahn
99 Hüpferling
100 Klapper-Klatsch

Tänze zum Darstellen und Nachahmen

1 Ha ha ha, die Kinder kommen
5 Teddybär, Teddybär
7 Jetzt steigt Hampelmann
8 Jakob ist ein Zottelbär
9 Dornröschen
10 Jungfer Liese
11 Grünes Gras
12 Rumpumpels Landpartie
13 Geht das Pferdchen
19 Das Taubenhaus
24 Der lustige Hampelmann
25 Große Uhren, kleine Uhren
29 Hochzeit
34 Es gingen zwei Alte
41 Ri-ra-rutsch
42 Zeigt her eure Füße
43 Holzsäger
47 Wagenschieben
48 Ich bin ein kleiner Esel
50 Ein kleiner Bauer
52 Das Mühlenhaus
53 Schustertanz
54 Besentanz vom Straßenkehrer
58 Zip zip zipovitschka
62 Tut! Das Auto kommt
63 Klingeling, da kommt sie an
65 Eisenbahn von nah und fern
70 Zappeltanz zum Karneval
73 Kirmestanz
80 Kinder-Zirkus
81 Hei, Schabernack!
82 O Leiermann
83 Omnibusfahrt
84 Kochlöffeltanz
90 Auf der Brück von Avignon
91 Unser Onkel hat 'nen Bauernhof
93 Unsre Bimmelbahn
94 Schwarze Pferde
95 Puppenwiegen

Alphabethisches Verzeichnis nach Liedanfängen

Am Himmel steht ein Bogen	33
Alle gehen jetzt nach Haus	21
Auf dem Spielplatz dreht sich schnell	16
Auf der Brück von Avignon	90
Auf der Schwäbsche Eisebahne	64
Auf der Straße viel Verkehr	67
Autos, Räder, Straßenbahn	66
Das Rädchen geht langsam	38
Der Müller hat ein Mühlenhaus	52
Der Regen fällt	71
Der Sandmann ist da	46
Die kleine Schlange geht jetzt aus	61
Dornröschen war ein schönes Kind	9
Dreh dich um	40
Drei fixe Buben (hübsche Mädchen)	73
Du und ich, wir beide	92
Ein Elefant wollt bummeln gehn	56
Eine kleine Dickmadam	87
Ein kleiner Bauer	50
Ein kreuzfideler braver Has'	97
Ein Schneider fing 'ne Maus	59
Eins, zwei, drei, immer länger	35
Eins, zwei, drei rische rasche rei	26
Eins, 2, 3, 4, 5, 6, 7	36
Eins, zwei, drei, vier im Rummelsack	79
Eisenbahn von nah und fern	65
Ei, wie langsam	2
Es gibt kein schönres Tierchen	57
Es gingen zwei Alte	34
Fritz, Fratz, Friederich	86
Geht das Pferdchen	13
Goldne goldne Brücke	20
Gretel, Gretel	37
Große Uhren gehen	25
Grünes Gras, grünes Gras	11

Grün, grün, grün	15
Ha ha ha, die Kinder kommen	1
Hänschen klein	4
Haken, Öse, eins zwei drei	53
Herr Schmidt, Herr Schmidt	39
Heute trifft sich in der Schule	70
Holleri, hollera	72
Ich bin ein kleiner Esel	48
Ich hab eine feine Laterne	77
Ich wollt, ich wollt	18
Im Kalender steht ein Tag	69
In dem Wagen erster Klasse	23
In meiner Stube	88
Ist die dicke Köchin da	55
Ja, gar kein Fest ist heut	32
Jakob hat kein Geld im Haus	8
Jetzt steigt Hampelmann	7
Klingeling, da kommt sie an	63
Kommt ein Dieb	44
Kommt ein Reitersmann daher	10
Kommt herab die dunkle Nacht	77b
Laternchen, Laternchen leuchte fein	77a
Laternchen, Laternchen, wie du bist	76a
Lichtlein, geh nicht aus	76b
Machet auf das Tor	28
Mädchen, darf ich mit dir gehn	85
Old Mac Donald has a farm	91
O Leiermann	82
Räbete, räbete tong ti tong	89
Ringel Ringel Reihe	3
Ri-ra-rutsch	41
Rumpumpel macht 'ne Landpartie	12
Schaut mal her, was ich schon kann	84
Schlaf, mein wunderschönes Kindchen	95
Schnee und Eis	78
Schneider Schneider Mock Mock Mock	49

Schnick schnack schnickedi schnack	81
Schornsteinfeger, schwarzer Mann	51
Schwarze Pferde, braune Pferde	94
Seht, die große Riesenschlange	60
Seht mich an	24
Siehst du, wie die vier	17
So schieben wir den Wagen	47
Sterne zählen, Sterne zählen	76
Straßenkehrer, Straßenkehrer	54
Sur le pont d'Avignon	90
Tanz mit mir	22
Teddybär, Teddybär	5
Tut! Das Auto kommt	62
Unser Onkel hat 'nen Bauernhof	91
Unsre Bimmelbahn	93
Was denkt die Maus am Montag	27
Wenn wir Speck und Eier haben	6
Wer tanzt in unserem Haus herum	68
Wide wide witt	45
Wind, Wind Pustewind	74
Wir feiern Hochzeit	29
Wir haben einen Omnibus	83
Wir öffnen jetzt das Taubenhaus	19
Wir schließen das Tor	31
Wir sind der größte Zirkus	80
Wir wollen den Kranz binden	14
Zeigt her eure Füße	42
Zip zip zipovitschka	58

Literaturverzeichnis

Fidula Verlag, Boppard
Kabitz/Holzmeister: „Der Eisbrecher“ 1952
Keller/Kromp: „Der Sonnenkäfer“ 1955
Thilde Lorenz: „Der Zippel-Zappel-Mann“ 1955
Schäfer: „Tanz mit“ 1957
Holzmeister: „Die Maultrommel“ 1961
R.R.Klein: Kinder musizieren Heft 7 „Kinderlieder und Reime“ 1961
R.R.Klein: Kinder musizieren Heft 8 „Rumpumpels Landpartie“ 1961
Lemmermann: „Der kleine Globus“ 1965
Lemmermann: „Die Zugabe“ Band 1 1968
Keller: „Ludi musici“ Band 1 1970
Rockel: „Das Liedernest“ 1971
Lemmermann/Pörsel: Der Regenbogen 2 „Der Rummelpott“ 1971

Bärenreiter-Verlag, Kassel und Basel
Hoerburger/Segler: „Klare, klare Seide“ 1962
Wenz: „Die goldne Brücke“ 1956

Hermann Schroedel Verlag KG Berlin, Hannover, Darmstadt
Grete Hahn: „Lied und Spiel“ 1955

B G Teubner, Leipzig Berlin 1922
Jöde: „Ringel Rangel Rosen“

Anmerkungen

„Ha ha ha, die Kinder kommen“: 1. Strophe überliefert aus Süddeutschland.
„Grün, grün, grün sind alle meine Kleider“: aus Pommern.
„Rumpa“: aus Berlin.
„Ein, zwei, drei, vier, fünf ...“: aus dem Salzkammergut. (Dieser Tanz ist eine Variante des im ganzen deutschen Sprachraum verbreiteten „Siebenschritts“.)
„Ri-ra-rutsch“: aus Schwaben.
„Herr Schmidt, Herr Schmidt“: aus Pommern.
„Wide wide witt“: aus Holstein.
(Dieser Tanz ist eine Bearbeitung von vielen „Siebensprung“-Variationen.)
„Wagenschieben“: aus dem Siebengebirge.
„Der Sandmann ist da“: aus Sachsen.
„Schneider Mock“: aus Hamburg.
„Schustertanz“: zusammengestellt aus den Tänzen „Haken, Öse, eins, zwei, drei“ aus Berlin und „Ach, lieber Schuster du“ aus Niederdeutschland.
„Der Schneck“ – „Die Riesenschlange“ – „Großer Laternentanz“: Tanzformen als Polonaisefiguren überliefert.

„Die Schwäbische Eisenbahn". Tanzform „Kimberleyse Train".

„Ampel rot – Ampel grün":
Melodie nach „Wohin soll ich mich begeben" (Sudetenland).

„Sommertanz": Melodie nach „Rot Gewand, rot Gewand", einem Sommertagslied aus Schlesien.

„Kirmestanz": als „Drei alte Männer" aus Schweden in einer Strophe überliefert.

„Im Rummelsack": Melodie „Lott is dot!" aus Nord- und Mitteldeutschland.
Rummelsack ursprünglich „Rummelpott" (= ein Topf, über den eine Schweinsblase gespannt ist. Mit einem hindurchgesteckten Holzstäbchen wird im Pott gedreht und es entsteht ein lustig-knurrendes Geräusch.) Hier: ein Sack zum Schütteln mit lauter lustig klappernden und klingenden Kleinigkeiten.

„Kochlöffeltanz": aus dem Kuhländchen.
Der „Kochlöffeltanz" ist ursprünglich ein Geschicklichkeitstanz. Bei jedem neuen Durchspiel wurde die Geschwindigkeit gesteigert.

„In meiner Stube": aus Schwaben.
